그래도 음식장사가 승부가 빠르다

그래도 음식장사가 승부가 빠르다

2000년 6월 8일 초판 발행
2003년 3월 20일 초판 4쇄 발행

저자 / 이상화 · 김철호
발행자 / 박홍주
발행처 / 도서출판 푸른솔
편집부 / 715-2493
영업부 / 704-2571~2
팩스 / 3273-4649
디자인 / 여백
주소 / 서울시 마포구 도화동 251-1 근신빌딩 별관 302호
등록번호 / 제 1-825
값 12,000원

그래도 음식장사가 승부가 빠르다

푸른솔

"주방장 한 명 급히 좀 구해 주세요"

얼마 전 허겁지겁 달려와서 급하게 주방장 소개를 요구하는 고객이 있었다. 그는 고급 한정식집을 개업하려고 고급 인테리어 시설까지 다 해 놓았지만 쓸만한 주방장을 구할 수 없어서 찾아온 것이다. 개업할 음식점의 상권을 분석한 결과 한정식집에 적합한 상권도 아니고 좋은 입지조건도 아니었으므로 주방장 소개로만 해결될 문제는 아니었다. 이미 1억원도 넘게 인테리어 시설비까지 들어간 뒤라 더욱 안타까울 따름이었다.

음식점 창업, 이제 주먹구구식으로 하지 말자

이제는 기존처럼 음식점을 대충 차렸다간 낭패보기 십상이다. 단지 인테리어 번듯하게 해 놓고 맛을 잘내는 주방장을 데려다 놓는다고 해결될 일은 아니기 때문이다. 음식점 운영은 어느 정도 경험과 노하우가 필요한 장사다. 겉보기와 달리 쉬운 일만은 아니다. 그렇다고 현장 경험에만 지나치게 의존하는 사람도 한계가 있다. 현장 경험이 풍부한 주방장 출신이 음식점을 운영하는 경우 잘 할 것처럼 보이지만 실패할 확률이 매우 높다. 주방 경험은 풍부할지라도 고객지향적 사고나 음식점 전체의 운영 시스템을 보는 종합적 사고와 영업력이 약하기 때문이다. 또 반대로 음식점 경험이 없는 사람이 독특한 아이디어만으로 음식점 경영에 뛰어들었다가 현장 경험이 부족해 실패하는 사례도 많다.

음식점 경영도 마케팅 시대!

그만큼 음식점 창업과 경영이 만만치는 않은 것이다. 특히 IMF 이후 너도나도 음식점 창업 대열에 뛰어들어 음식점수는 늘어났고 그만큼 경쟁도 치열해졌다. 이제는 과거처럼 '음식장사하면 먹고는 산다더라' 하는 사고방식대로 쉽게 접근할 수만은 없는 것이 현실이다.

음식점 창업과 경영도 이제는 음식점에 맞는 장소선정, 상권분석에 따른 적합한 음식아이템, 상권의 고객에 맞는 차별화된 메뉴로 남다른 영업전략을 세워야 한다. 기존의 주장이나 책에서 보면 음식점 성공요인인 '맛, 서비스, 장소, 청결' 중에서 2가지만 뛰어나도 장사는 잘 된다고 말하고 있다. 하지만 지금은 진부한 이야기가 되어 버렸다. 고객을 알고 고객에 맞게 다가서야 하며, 남다른 차별화 전략을 세워야 한다. 이렇게 하기 위해 필요한 것이 바로 마케팅이다. 마케팅 개념을 철저하게 적용하여 창업하고 경영을 해야 성공할 수 있다는 말이다.

초보 창업자들은 음식점을 창업하려면 어디에서 어떻게 시작해야 할지 난감하기만 하다. 또 경험도 없고 모르기 때문에 자칫 시행착오라도 범하게 되면 비싼 수업료를 따로 물 수도 있다. 이 책은 경험이 없는 초보자도 음식점을 성공적으로 창업, 경영할 수 있도록 음식점 마케팅 방법을 제시하는 데 주안점을 두었다. 즉 초보 창업자가 성공할 수 있는 유망업종을 선정하는 방법, 창업절차, 창업방법, 장소 잡는 법, 음식점이름 짓는 법, 메뉴 선택과 가격 결

정하기, 홍보·판촉 방법, 서비스 방법 등 음식점 창업·경영에 꼭 필요한 내용들을 담기 위해 노력했다. 그리고 마지막 부분에서는 실전 창업에 바로 도움이 되도록 갈비전문점, 일본식 돈까스, 우동 전문점, 분식 전문점, 오리 전문점, 주먹밥 전문점 등 몇 가지 전문 음식점의 세부 창업 전략을 소개했다. 이를 통해 내가 창업하고자 하는 음식점이 아닐지라도 음식점 창업의 전략과 접근법에 대한 시사점을 얻을 수 있을 것이다. 물론 한 권의 책에 모든 내용을 다 담을 수는 없지만 그동안의 풍부한 창업 컨설팅 경험과 현장 경험을 토대로 하였다. 따라서 자신의 음식점 성공 경험을 지나치게 일반화시킨 책과는 그 폭이나 체계, 깊이에서 구별되며, 지나치게 원론적인 시각에 입각해서 살아 있는 창업 현장에 적용시키기 어려운 이론서와도 구별된다. 이 책의 목적은 어떤 음식점을 차리더라도 이 책을 통해 창업방법에서부터 경영 노하우까지 터득할 수 있도록 하는 데 있다. 즉 물고기를 주는 것이 아니라 물고기 낚는 방법을 제시하는 데 심혈을 기울였음을 밝히고 싶다.

그래도 음식점 창업이 승부가 빠르다

창업해서 어느 정도 자리잡히면 음식장사만큼 수익성이 좋은 장사도 많지 않다. 그리고 아무리 사이버 세상이 판을 쳐도 사람은 먹어야 하므로 음식장사는 영원한 아이템이다. 하루에 300그릇의 칼국수를 파는 음식점 사장은 현찰로만 하루 100만원을 챙겨 간다. 영업 마진율도 다른 업종보다 높아 인건비, 관리비 등 이것저것 제하고도 하루 50만원의 순수입이라면 한 달이면 1,500만원, 1년이면 2억원 가량을 벌어들인다. 아무쪼록 이 책을 읽는 독자들이 위 칼국수 사장님처럼 되었으면 하는 바람이다.

이 책은 전적으로 우리가 만든 것이 아니다. 무엇보다도 이 책은 지금까지의 우리 고객이 만들어 주신 것이다. 우리를 믿고 맡겨 준 컨설팅 고객들이 있기 때문에 가능했다. 컨설팅을 통한 풍부한 창업경험과 음식점 사장님들의 조언이 있기에 가능한 것이었다. 새삼 지면을 통해 컨설팅 고객과 협력업체 사장님, 그리고 이 책의 출간을 위해 애써준 맛깔 컨설팅 전 직원께 감사드린다. 마지막으로 이렇게 보잘 것 없는 책일지라도 나올 수 있도록 힘을 주시고 능력을 주신 주님께 영광을 돌린다.

맛깔 컨설팅 전문 컨설턴트 이상화 · 김철호

음식점 창업의 첫 단추

전문 음식점의 실전 창업전략

음식점 창업의 첫 단추

1 초보 창업자를 위한 음식점 기상도

어떤 음식점을 차려야 성공할까?

 **음식점에도 유행이 있다**

모든 제품이 그렇듯이 음식점도 뜨고 지는 유행이 있어서 음식점을 창업하고자 하는 사람에게는 이만저만 고민이 아니다. 자칫 잘못 선택하면 거금을 날릴 수도 있기 때문이다. 아이템 선정은 음식점 창업의 첫 단추에 해당되는 만큼 음식점 성패에 매우 중요한 첫걸음이라고 볼 수 있다.

유망 아이템을 잡으면 성공이 보이지만, 자칫 붐처럼 일어났다 바로 시들해지는 유행 아이템을 잡으면 낭패보기 십상이다. 예를 들면 약 2년 전쯤 조개구이 전문점이 열풍처럼 불었지만 지금은 시들해졌다. 탕수육 전문점, 쇠고기뷔페 등이 비슷하다고 볼 수 있다.

칼국수 하나만 놓고 보더라도 유행이 있음을 알 수 있다. 지금도 칼국수는 꾸준히 인기가 있다. 하지만 좀더 깊게 들어가서 살펴보면 여기에도 유행이 있다. 정통 칼국수는 밤새 사골을 푹 고아서 우려낸 국물로 진하게 육수를 만들어 면을 넣고 끓인 사골 칼국수였다. 지금도 오래된 칼국수집은 대부분이 사골 칼국수를 취급하고 있다. 하지만 사골로 만들어 내는 칼국수는 재료비용이나 시간이 많이 들기 때문에 가격이 비쌀 수밖에 없다. 이런 점에서 일반 서민들이 즐겨먹기엔 부담스러웠던 것이 사실이다.

그 후 사골 칼국수 대신 보다 대중적인 재료인 닭고기, 닭뼈로 비슷한 맛을 낸 닭 칼국수가 등장하여 선풍적인 인기를 끌었다. 물론 맛도 기존의 사골 칼국수 맛을 비슷하게 재현했음은 물론이다.

하지만 90년대 들어와 닭 칼국수도 퇴조하고 말았다. 소비자들에게는 이 육류맛이 어느 정도 식상해졌기 때문이다. 소고기나 닭으로 우려낸 육수를 점점 느끼하게 여기면서 담백하고 개운한 맛을 찾게 된 것이다. 이런 입맛의 변화에 맞춰 해물 칼국수가 붐을 타더니 한걸음 나아가 바지락 칼국수가 현재 대유행중에 있다. 그럼 바지락 칼국수의 붐은 언제까지 지속될까? 바지락에는 핵산 성분이 많아 담백하고 개운한 국물맛이 난다. 하지만 바지락을 많이 섭취하면 다량의 핵산 성분 때문에 '소화'가 빠르고 위산분비가 활성화되면서 바로 공복감을 느끼게 된다. 뭔가 부족한 느낌이 드는 것이다. 우리 나라 국민들은 음식을 먹고 배 두드리며 '아 잘먹었네' 하는 포만감을 느껴야 하는데 그것을 충족시키지는 못한다는 것이다. 이런 점을 감안한다면 바지락 칼국수는 IMF의 영향과 추구하는 입맛의 흐름과 맞아떨어져 붐을 타고 있지만 이미 성숙기에 있다고 봐야 한다.

그럼 다음에 이어질 유행 칼국수는 뭘까? 바지락 칼국수의 단점인 포만감을 느끼도록 보완한 칼국수가 등장할까, 아니면 개운하지만 구수함을 보완한 칼국수가 나올까, 아니면 사골이나 닭 칼국수로 회귀할까?

이를 전망해 보면 바지락 칼국수의 인기는 당분간 유지하되 구수한 맛이 부족하므로 이런 구수함을 보완한 황태 칼국수가 점점 유행할 것이다. 장기적으로는 고기육수나 해물육수가 아닌 야채로 국물맛을 낸 새로운 칼국수나 혼합 형태의 새로운 맛이 등장하리라 예상된다.

그럼 왜 이렇게 음식마다 유행이 있을까?

입맛은 세대별로 지역별로 변화하고 또한 세계화시대를 맞아 외국의 맛이 유입되면서, 변화하는 입맛에 맞게 맛이 계속 변하고 개발되는 것은 자연스러운 현상이다. 그리고 이러한 변화의 흐름이 유행이 되는 것이다.

반짝 뜨다 사라지는 유행 아이템은 어떻게 파악하나?

그럼 어떤 아이템이 유망 아이템이고 어떤 아이템이 일시적인 유행 아이템이 될까? 음식점의 유행 아이템과 유망 아이템을 판단하는 방법은 다음과 같다.

첫째, 음식의 기본을 무시한 아이템은 금세 사라진다.

기본요소인 '맛, 포만감, 즐거움'을 무시하면 얼마 가지 않아 시들해진다. 조개구이 같은 경우 조개껍질이 있어 풍성해 보이지만 막상 먹고 나면 포만감이 들지 않는 음식이다.

둘째, 그 음식만의 노하우(know-how)가 있어야 한다. 누구라도 쉽게 할 수 있고 바로 모방될 수 있는 음식이라면 경쟁상대가 우후죽순처럼 생겨날 것이므로 생명력이 짧다.

셋째, 체인회사가 지나치게 난립하는 경우도 주의해야 한다. 각 회사별로 체인점이 지나치게 많아지면 경쟁난립으로 물이 흐려지는 경우가 있을 수 있다. 일부 체인회사는 맛이나 음식점 시스템을 체계적으로 갖춰 놓지 않아 경쟁력이 떨어져 실패하는 경우도 있으니 주의해야 한다.

자, 그럼 음식점별로 어느 음식점이 유망하고 어느 음식점이 성공가능성이 높을 것인가.

올해의 음식별 창업 기상도는 다음과 같다. 각 해당 음식점을 성장 단계별로
분류해 볼 때 창업하고자 하는 아이템이 도입기, 성장기, 성숙기, 성숙후기,
쇠퇴기의 어느 사이클에 해당되는지를 파악, 유망한 아이템을 선택하고 또한
각 단계에 따른 아이템의 창업전략을 살펴보도록 한다.

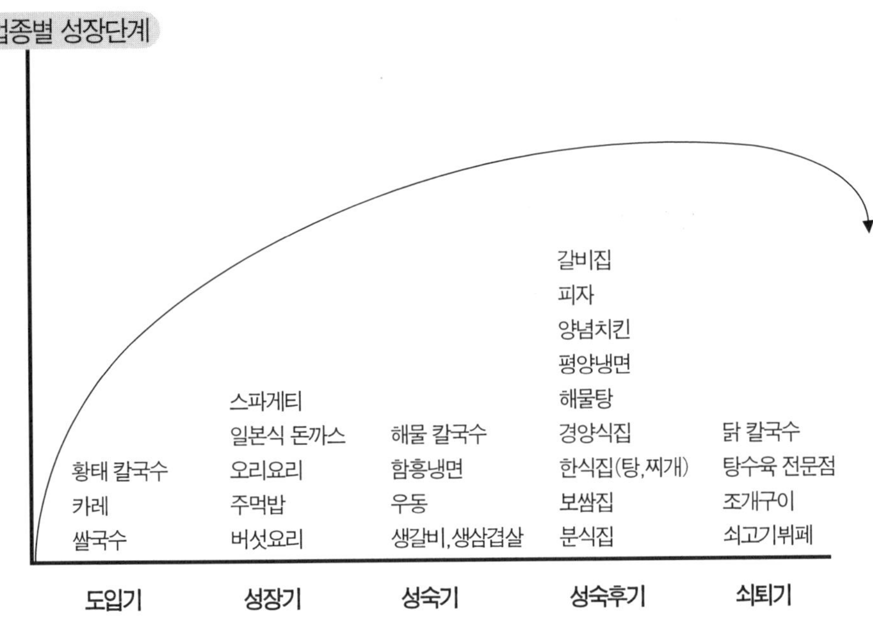

· 이제 막 생긴 도입기의 업종도 있고 수명을 다한 쇠퇴기에 해당하는 업종
도 있다.
· 사이클의 영향을 받지 않는 자장면 등의 중국음식과 해물요리, 보쌈, 김치
찌개 등을 취급하는 한식집 등 꾸준한.업종도 많다.
· 쇠퇴기에 해당하는 업종이라고 해서 모두가 사라지는 것이 아니고 새로운
형태와 맛을 달리해서 다시 도입기, 성장기, 성숙기의 과정을 거친다.

그럼 내가 창업하고자 하는 업종의 성장단계를 파악, 유망한 아이템을 선택하고 또한 각 단계별 해당 업종의 창업전략은 어떻게 해야 할지를 살펴보기로 하자.

■ ■ ■ ■ 도입기 업종 창업전략

도입기 단계의 업종은 시장의 선도자로서 먼저 시작한 만큼 성장기, 성숙기 과정을 거치는 과정에서 큰 이익을 볼 수 있다.

처음에는 생소한 음식으로 일반 사람들에게 자리잡기까지는 시간이 꽤 걸리므로 운영이나 유지, 그리고 시장확산에 필요한 막대한 자금력이 있어야 한다. 소자본으로 창업하거나 독특한 자기만의 노하우나 자신만의 소신이 있어서 하는 것이 아닐 경우는 선뜻 나서지 말아야 한다. 또한 도입 초기에는 검증되지 않아 바로 시장에서 자리잡지 못하고 사라질 위험성도 있다. 하지만 요즘 업종의 사이클 주기가 짧아지면서 약간의 모험을 감수한다면 큰 이익을 볼 수 있다. 즉「High risk, High return」의 업종으로 보면 된다.

■ ■ ■ ■ 성장기 업종의 창업전략

성장기의 업종은 도입기를 지나 어느 정도 자리잡아 가고 빠르게 시장이 확대되고 있으므로 창업하기에 적합하다. 그렇더라도 주먹구구식으로 무조건 창업하는 것은 위험하다. 어떠한 업종에 대해서 특별한 노하우가 없거나, 체인 본사 등이 난립하는 업종은 피하는 것이 좋다. 이러할 경우 창업붐을 타고 너도나도 이 업종에 뛰어들거나 함량미달의 급조된 체인점들 때문에 시장이 흐려질 우려가 있다. 우선 지금 현재 성장기에 있는 업종처럼 보이더라도 음식의 경우 '맛, 포만감, 즐거움' 이라는 음식의 기본요소가 부족하다면 금방 사라지는 유행 업종이 되기 쉽다. 한때 유행했던 조개구이 전문점이 그 예이다. 이와 같이 성장기에 있는 업종을 선택해 창업을 하더라도 음식의 기본적인 요소를 충분히 갖추고 있는가? 충분히 노하우가 축적되어 있는가? 금방 사라질 유행업종은 아닌가? 등을 신중하게 살펴보고 창업해야 한다.

■ ■ ■ ■   성숙기 업종의 창업전략

이 단계는 도입기, 성장기를 거쳐 정착된 업종이다. 시장이 크므로 여기에 참여한 음식점 수가 많아 경쟁은 치열하다. 즉 먹을 떡도 크고 먹을 입도 많다. 그러므로 이 단계의 업종은 맛, 서비스 등에 있어서 다른 음식점과의 차별화 노력이 요구되고 또한 가격파괴나 판촉활동도 활발히 해서 손님을 적극적으로 끌어들여야 한다. 따라서 음식점 경영의 경험이 많지 않은 초보자의 경우는 성숙기 단계의 업종을 창업하고자 할 때 신중을 기해야 한다. 기존의 자리 잡고 있는 음식점들보다 앞선 노하우를 확보해 놓거나 기존 음식점과의 차별화 포인트를 명확히 하지 않는 한 쉽게 참여하지 않는 것이 좋다. 또한 이 단계 업종의 창업자는 해당 아이템의 변화나 흐름을 주시해서 혹시 바로 이어질 쇠퇴기 단계의 변화에 대한 대비책을 준비해 두어야 한다.

■ ■ ■ ■   성숙후기 · 쇠퇴기 업종의 창업전략

성숙후기 · 쇠퇴기의 업종은 바로 사양업종이다. 하지만 쇠퇴기 업종이라고 해서 그 음식아이템이 사라진다는 말은 아니다. 이 단계의 음식은 도입기, 성장기, 성숙기를 거쳐 소비자에게 검증되고 친숙한 음식이다. 하지만 그 음식의 형태나 맛이 식상해진 것이다. 탕수육 전문점은 없어졌어도 탕수육은 여전히 존재하고 있고, 돈까스의 경우는 기존의 경양식 스타일 돈까스가 성숙후기에 있지만 일본식 돈까스가 새롭게 성장 추세에 있다.

사양업종이라고 무조건 피할 것은 아니다. 기존의 음식점을 권리금 없이 싸게 인수해서 새로운 스타일, 새로운 맛으로 접근하면 의외로 큰 투자 없이 실패하지 않고 음식점을 차릴 수 있는 기회가 생기게 된다. 예를 들면 성숙후기인

양념치킨집을 싸게 인수해서 순살치킨이나 새로운 형태의 치킨집을 창업하면 투자대비 효율이 높을 수 있다. 하지만 쇠퇴기의 아이템은 일단 피하는 것이 좋다.

초보 창업자에게 유망한 아이템

■ ■ ■ ■ 일본식 돈까스 전문점

원래 돈까스류는 레스토랑에서 파는 양식 스타일이 주류였으나 최근 일본식 돈까스가 성장기 단계에 접어든 아이템으로 붐을 타고 있다. 돈까스를 즐기던 층도 20대 여성층에서 10~30대의 남녀층으로 확산되어 가고 있어 창업하기 좋은 아이템이다. 인테리어, 주방설비 등 순수창업 비용(점포비용 제외)은 15평 규모일 때 2천만원~2천5백만원이면 가능하다.

입지는 오피스가나 젊은층 유동인구가 많은 곳이 좋다. 영세상공인이나 자영업자, 소규모 사무실이 밀집된 상권에서는 배달이 가능하므로 인테리어에 큰 투자를 하지 않아도 되고 평수가 적어도 되므로 창업비용을 대폭 줄일 수 있다. 대략 점포 임대비용을 포함해서 약 6천만원 선이면 창업이 가능하다. 그러나 젊은 신세대를 대상으로 하는 대학 상권으로 가면 1억원 이상을 투자해야 창업이 가능하다.

■ ■ ■ ■ 스파게티 전문점

양식이면서도 우리 입맛에 딱 맞아떨어지는 음식 중의 하나가 바로 스파게티다. 약 4년 전부터 일어난 일본에서의 스파게티붐이 우리나라에서는 99년 말부터 일고 있다. 20평정도의 규모로 창업하기에 적당한 아이템으로 인테리어,

주방, 비품 등의 순수 창업비용(점포비용제외)은 4천만원 선이면 가능하다.

입지는 10~20대의 신세대층 대상이 몰리는 지역 상권이나 대학 상권이 적당하다. 하지만 웬만한 대학 상권에 창업하려면 점포비용 창업비용을 포함해서 1억 5천만원 이상이 필요하다. 창업비용을 절감하는 한 방안으로 신세대층이 즐기는 분식메뉴와 곁들이면 규모와 입지조건이 상대적으로 떨어져도 가능하다. 즉 기존 분식집이 들어선 자리에 '스파게티 전문점'으로 상호를 짓되 메뉴는 스파게티 외 일반 분식메뉴를 곁들여 차별화된 분식집으로 창업하는 것도 한 방법이다. 또는 2층 입지에 있는 기존의 장사가 잘 안되는 레스토랑이나 커피숍을 인수, 커피를 함께 취급하면 창업비용을 1억원 이하로 절감할 수 있다.

■ ■ ■ ■ 오리 전문점

오리 전문점도 역시 건강붐을 타고 성장세에 있으므로 한식집을 선호하는 40~50대 여성 창업자에게 좋은 아이템이다. 오리 전문점은 일반 중산층이나 서민층 상대로 한 대중 오리 전문점과 또는 고급 고객층을 상대로 한 고급 오리 전문점으로 창업하는 방법이 있다.

대중 오리 전문점은 오리로스와 오리탕을 주요메뉴로 기존의 생고기집을 대체하는 개념으로 접근하면 되므로 창업비용을 대폭 절감할 수 있다. 입지는 오피스가, 주택가, 아파트단지 등 어디에도 가능하다. 20평정도의 규모일 경우 점포비용을 제외한 순수 창업비용은 2천 5백만원 정도면 가능하다.

고급 오리 전문점은 30평정도의 규모로 창업하면 적당하다. 창업장소는 오피스 주변이나 가든 형태의 입지가 좋고 점포비용을 제외한 순수 창업비용은 5천만원 정도 들어간다.

그럼 초보 창업자인 나는 어떤 아이템을 선정해야 할까?

■ ■ ■ ■ 아이템 선정시 고려요인들

음식점 창업시 첫단추를 잘 끼우기 위해 다음의 몇 가지를 고려해 보면 나에게 맞는 아이템을 고를 수 있다.

첫째, 지금까지 언급한 대로 반짝하다 사라질 위험 아이템은 피한다. 초보자에게 유리한 성장기 단계의 업종을 창업해야 함은 당연하다.

둘째, 본인의 자금규모에 맞는 음식점을 창업해야 한다. 스파게티 전문점을 차리고 싶어도 제대로 차리려면 1억원 이상은 있어야 한다. 스파게티 전문점을 차릴 수 있는 입지에 인테리어를 갖추어 창업이 가능한 것이다. 음식점마다 적정 자금규모가 있다. 총 창업자금이 2~3천만원 정도로 소자본일 때는 배달관련 업종을 시작하는 것이 좋다. 입지와 규모가 조금 떨어져도 창업이 가능하므로 창업비용을 대폭 줄일 수 있다.

셋째, 본인의 생각이나 가치관을 생각해야 한다. 내 성격이 활달하고 외향적 성격이라면 단가가 높은 음식점, 즉 고급 일식집이나 한정식집 등이 알맞다. 이런 음식점은 고객 접대를 잘 해야 하고 단골을 확보해야 하는 등 활동적인 사람에게 적합하다. 반대로 성격이 내성적이고 치밀하고 꼼꼼하다면 고객과의 서비스 타임이 짧은 패스트 푸드 업종이나 '나는 나' 취향의 신세대 대상음식점에 맞는다. 또 본인의 종교나 가치관 등에 따라 술을 취급하는 것이 꺼림칙한 경우는 술 위주의 음식점은 피하는 것이 좋다.

넷째, 본인이 창업하고자 하는 장소가 있는 경우나 하고자 하는 입지에 따라 맞는 업종이 있다. 그 해당상권의 고객을 분석, 직장인 대상인지, 가족손님 대상인지, 신세대 학생 대상인지 등 어느 고객이 주요 고객인지를 파악하여 그 고객에 맞는 음식점을 선택해야 한다. 또한 해당입지의 경쟁관계도 고려해야 한다. 1,500세대 이상의 아파트가 밀집되어 있는 상권에 치킨집을 하고 싶지만, 이미 그 상권에 6~7개의 치킨집이 있다면 하지 않는 것이 좋다.

다섯째, 나이나 성별, 체력조건 등에 따라서 나에게 맞는 음식점을 골라야 한다.

음식 업종별 성장단계

도입기	성장기	성숙기	성숙후기	쇠퇴기
황태 칼국수 월남 쌀국수 카레	스파게티 일본식 돈까스 주먹밥 전문점 오리요리 버섯요리 전문점	해물 칼국수 함흥냉면 우동 생갈비 생삼겹살	피자, 갈비집 양념치킨 평양냉면 해물탕, 경양식 한식(탕,찌개) 보쌈집, 분식집	탕수육 전문점 닭 칼국수 조개구이 쇠고기뷔페

음식점도 유행을 앞서가라

지난해 여름, '생선조개구이'라는 신종업종이 음식점 창업시장을 강타했다. 일부 본사들은 신문에까지 월수입 얼마 등등의 달콤한 광고를 내면서 신규 점포를 늘리기에 골몰했다. 언론에서는 조개구이집이 포화상태에 이르렀다며 경고를 했지만, 이를 무시하고 달려든 소자본 창업가들은 그만 두세달도 안돼 대량 폐업의 길을 걷고 말았다. 이에 앞서 유행했던 '탕수육 전문점'도 비슷한 길을 걸었다.

조개구이집 등 수명 다된 업종 피하고
일본식 돈까스 전문점 등
뜨기 시작하는 업종 주목해야

모든 업종이 그렇듯, 음식점에도 유행이 있고 라이프 사이클이 있다. (주)맛깔 컨설팅(02-766-1230)은 음식점의 성장 단계를 분석, "올해에는 아직 성장단계에 있는 일본식 돈까스 전문점, 스파게티 전문점, 주먹밥 전문점, 오리 전문점, 버섯 전문점 등이 유망하다"고 밝혔다. 피자집이나 양념치킨, 보쌈집, 쇠고기뷔폐 등은 성숙기를 지난 음식 업종들로 피해야 할 업종으로 꼽았다.

맛깔 컨설팅의 이상화 실장은 "겉모습만 보아서는 일시적인 유행업종과 유망업종을 구분하기 힘들다"며 "음식업종은 특히 기본에 충실하겠다는 자세가 중요하다"고 말했다. 특히 음식은 '맛-포만감-먹는 즐거움' 같은 기본요소가 무엇보다 중요하다는 것. 예를 들어 조개구이의 경우, 조개껍질 때문에 풍성해 보이지만, 막상 구운 후에 먹을 게 없어 쉽게 포만감을 느끼기가 쉽지 않다.

두 번째로 그 음식만의 노하우가 있어야 한다고 이 실장은 조언했다. 체인회사(즉 본사)에 지나치게 의존하는 것도 좋지 않다. 체인회사의 사후 서비스나 물품 조달이 부실해질 경우에라도 독자적으로 생존할 수 있도록 평소에 만반의 준비를 해두어야 한다는 것. 또 체인점이 지나치게 많지는 않은지, 인근 상권에 같은 업종의 음식점이 얼마나 있는지 등을 반드시 조사한 뒤, 개업해야 한다.

음식점 창업 성공 지름길

"먹거리도 유행…변해야 산다"

맛전문 컨설턴트 이상화씨 조언

도입기-성장기 등 음식 사이클 유의
조개구이점 '반짝 붐' 교과서 삼도록

"음식점 창업 성공여부, 아이템 선정이 좌우한다."

경기회복에 힘입어 음식점 창업을 서두르는 사람들이 늘고 있지만 마땅한 아이템을 찾지 못해 망설이는 경우가 많다.

창업을 하기 전에 반드시 심사숙고해야 할 주요 포인트가 있다. 즉 창업 아이템의 수명이 얼마나 긴지 또는 일시적 붐을 타고 반짝 일어났다가 없어지는 것은 아닌지를 꼼꼼히 따져봐야 한다.

2년전 조개구이 전문점 열풍이 불었지만 큰 돈을 벌었다는 사람은 많지 않다. 또 탕수육 전문점이나 쇠고기뷔페 등도 일시적 바람에 지나지 않았던 아이템이었다.

평범한 음식이라 해도 맛이나 형태를 달리하여 새로운 성장단계를 거치기도 한다.

칼국수의 경우만 봐도 시골 칼국수에서 닭 칼국수, 해물바지락 칼국수 등으로 변신을 거듭하면서 재기의 길을 걷고 있기도 하다.

음식점을 창업할 때 그 음식이 도입기인지, 성장기인지 또는 쇠퇴기인지를 먼저 알아야 성공확률이 높다는 게 맛전문 컨설턴트인 이상화씨의 조언이다.

이씨는 최근 음식 아이템별 성장단계를 밝혀 예비 창업자들에게 중요한 정보를 제공하고 있다.

도입기의 아이템으로는 황태 칼국수, 주먹밥, 카레, 일본식 돈까스, 쌀국수, 버섯요리가 있고, 성장기에는 스파게티, 일본식 돈까스, 생갈비-생삼겹살, 오리요리, 성숙기에는 해물 칼국수, 함흥냉면, 우동, 성숙후기에는 갈비집, 피자, 양념치킨, 평양냉면, 해물탕, 경양식집, 한식집(탕, 찌개류), 보쌈집, 분식집, 쇠퇴기에는 닭 칼국수, 탕수육 전문점, 조개구이, 쇠고기뷔페 등이 유망하다.

이상화씨는 "이같은 분류가 절대적이지는 않지만 예비창업자에게 참고할 만한 자료가 될 것"이라며 "요즘 음식점의 라이프 사이클이 짧아지는 추세여서 아이템 선정이 그만큼 중요하다"고 말했다.

2 음식점 창업절차
이것만 알면 초보 창업자도 프로가 된다

마음가짐 점검/창업결정

흔히 '음식점을 하면 망하지 않는다' '이것저것 해보다가 안되면 음식장사 한다'는 식으로 음식장사를 쉽게 생각하고 시작하는 사람들이 많다. 그러나 아무리 작은 점포로 장사를 시작한다 하더라도 이것도 엄연한 사업인 이상 망하고 흥하는 법칙이 존재하기 마련이다. 지금까지 수많은 창업 희망자들과 외식업 창업상담을 하면서 느낀 점은 너무도 많은 사람들이 음식장사를 쉽게 생각한다는 점이다. 그저 적당히 메뉴를 골라서 시작을 하면 '돈을 벌 수 있겠지' '먹고는 살겠지' 하는 안일한 자세로 음식장사를 시작한다는 것이다. 그러나 아무런 준비도 없이 주먹구구식으로 쉽게 시작하면 망하기도 쉬운 법이다.

현재 전국적으로 60만개 이상의 음식점이 있고, 서울에만도 12만개 이상의 음식점이 있다. 이 중에서 25% 이상이 해마다 업종을 바꾸거나 장사가 되지 않아 문을 닫고 있는 실정이다.

외식업에 종사하는 사람들의 숫자가 예전보다 많아지고 이들에 대한 사회적인 인식이 높아진 만큼 이제 음식장사도 철저하게 경쟁에서 이기지 못하면 살아남을 수 없게 되었다. 음식장사를 시작하려는 사람들은 먼저 이러한 현실을 정확하게 인식하고, 성공적으로 운영을 하기 위한 필요한 사항들을 사전에 꼼꼼히 준비하는 것이 중요하다. 그리고 무엇보다도 본인이 고생을 좀 하더라도 음식장사로 반드시 성공을 하겠다는 굳은 결심을 해야 한다. 이러한 마음가짐을 가지고 차근차근히 준비해 나가면 얼마든지 성공적으로 창업할 수 있고 돈도 벌 수 있다. 그리고 음식장사는 잘만 운영을 하면 본인의 노력과 정성이 바로바로 현금이 되어 들어오는 매력적인 사업이기도 하다.

음식장사를 시작하려는 사람들은 이러한 상황들을 충분히 인식하고 장기적인 계획을 세워서 창업을 해야 한다.

외식업 창업절차

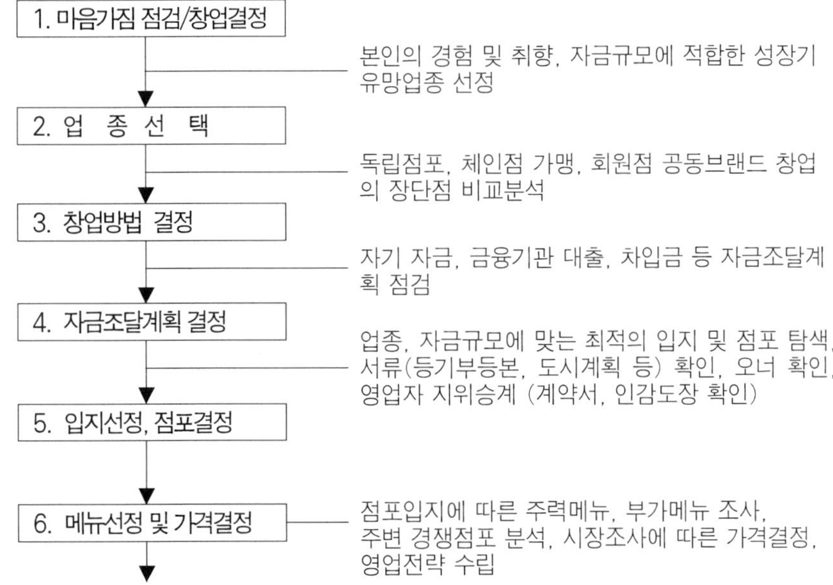

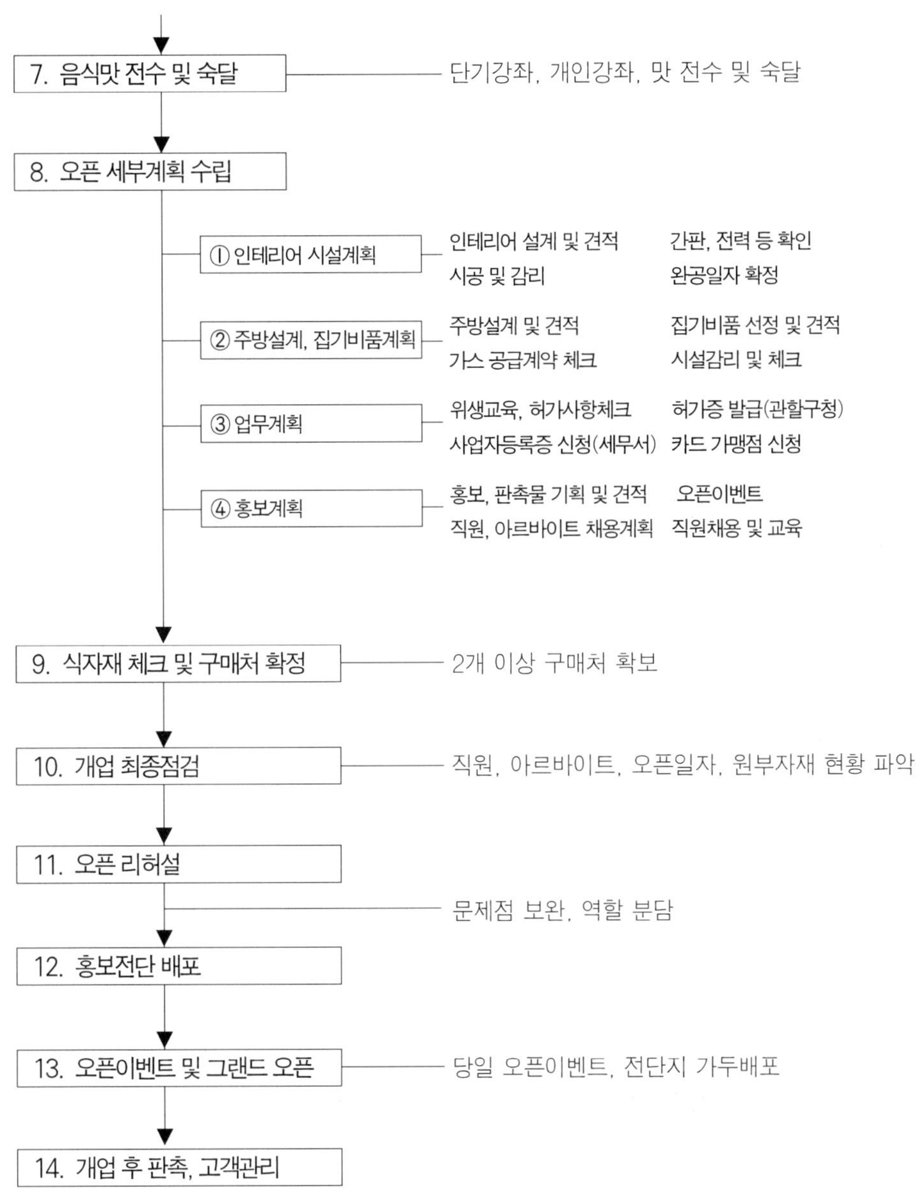

7. 음식맛 전수 및 숙달
단기강좌, 개인강좌, 맛 전수 및 숙달
8. 오픈 세부계획 수립
① 인테리어 시설계획
인테리어 설계 및 견적
시공 및 감리
간판, 전력 등 확인
완공일자 확정
② 주방설계, 집기비품계획
주방설계 및 견적
가스 공급계약 체크
집기비품 선정 및 견적
시설감리 및 체크
③ 업무계획
위생교육, 허가사항체크
사업자등록증 신청(세무서)
허가증 발급(관할구청)
카드 가맹점 신청
④ 홍보계획
홍보, 판촉물 기획 및 견적
직원, 아르바이트 채용계획
오픈이벤트
직원채용 및 교육
9. 식자재 체크 및 구매처 확정
2개 이상 구매처 확보
10. 개업 최종점검
직원, 아르바이트, 오픈일자, 원부자재 현황 파악
11. 오픈 리허설
문제점 보완, 역할 분담
12. 홍보전단 배포
13. 오픈이벤트 및 그랜드 오픈
당일 오픈이벤트, 전단지 가두배포
14. 개업 후 판촉, 고객관리

창업방법 결정

업종을 선택하고 다음에 결정해야 하는 사항은 어떤 형태로 창업을 할 것인가 하는 문제이다. 일반적으로 창업형태는 독립점포와 체인점 형태가 있다. 근래에 들어와서는 이 두 가지의 장점만을 살린 회원점 형태의 창업이 주목을 받고 있다. 각 방법의 장단점은 다음과 같다.

첫째, 독립점포로 창업하는 경우는 창업자 자신이 브랜드 및 창업비용 등 모든 것을 결정해야 한다. 독자적인 기술개발이 가능하고 적극적이고도 자율적인 운영이 가능하다. 그러나 본인이 해당분야에 대해서 충분한 노하우를 가지고 있지 않은 경우에는 실패의 위험성이 높다. 음식업의 경우 어디에서도 쉽게 맛을 배우기가 어려운 것이 현실이므로 초보 창업자가 노하우가 있어야 하는 음식점을 독립점포로 창업하기는 만만치 않다. 그렇다고 너도나도 할 수 있는 업종을 선택하여 창업하다 보면 성공하기가 어렵고 설령 잠시 돈을 벌 수 있다 할지라도 좀 된다 싶으면 주변에 경쟁업소가 늘어나서 수익이 줄어들기 일쑤이다.

둘째, 프랜차이즈 창업으로서 일반적으로 경험이 부족한 초보 창업자가 많이 선호하는 창업방법이다. 어떤 특정분야에 전문지식이 부족해도 본인의 창업의지가 충분하고 프랜차이즈 본사에서 요구하는 일정금액 이상의 자본만 준비되면 체인본사에서 창업을 대행해 주기 때문에 수월한 부분이 많다. 또한 본사가 가지고 있는 브랜드 이미지를 활용하거나 창업 후에도 본사에서 여러 가지 도움을 주기 때문에 운영상 이로운 점이 많다.

여러 가지 이로운 점이 많은 만큼 초보 창업자가 극복하기 어려운 함정도 많다. 첫번째 지적되는 문제가 독립점포 창업보다 창업비용이 많이 든다는 단점이 있다. 둘째로 프랜차이즈 창업은 체인본사에 지불하는 가맹비, 로열티 등이 부가되며 일부 체인본사에서는 일괄적으로 여러 가지 조건을 내세워 인테리어비용, 집기비품 등 과도한 금액을 요구하는 경우가 허다하다. 이러한 조건들을 창업희망자인 개인이 거대한 체인본사와 대등한 계약을 체결하기가 어려운 것이 현실이다. 또한 음식조리에 있어서 가장 중요한 소스비법이나 중요한 조리법을 알려주지 않으므로 항상 체인본사에 끌려다닐 수가 있다. 이러한 점 이외에도 본인 점포의 자율적인 운영이 사실상 제한된다거나 체인본사가 도산할 경우 본인의 노력 여하에 관계없이 동반으로 도산하는 점 등은 체인점에 가맹하기 전에 신중히 고려해야 할 점이다. 그리고 일시적인 창업붐을 타고 급조된 일부 함량미달의 체인본사를 선별하는 것도 체인점에 가맹하여 창업하기 전에 꼼꼼히 살펴보아야 할 점이다.

셋째로, 요즘 새로운 형태의 창업방법으로 주목을 받고 있는 것이 회원점 창업형태이다. 회원점 창업은 위에서 살펴본 독립점포 창업과 프랜차이즈 창업의 장점만을 살렸다고 할 수 있다. 이 형태는 회원점들간에 일정한 부분을 서로 협력하면서 독립적으로 운영한다. 일반적으로 소규모 점포나 외식업 창업에 있어서는 회원점 창업이 유리한 점이 많다. 회원점 본사나 기존에 창업하여 운영하는 회원점을 통하여 음식의 맛을 내는 노하우를 전수받고, 창업도우미 시스템으로 컨설팅을 받아 창업하면 비용을 절약할 수 있다. 또한 매월 150만원에서 200만원 이상의 주방장 인건비를 절약할 수 있고, 조리실장(주방장)을 고용하더라도 조리실장에게 휘둘리지 않고 맛을 관리할 수가 있다. 그리고 본인 점포의 입지에 맞는 메뉴 선정이나 가격대 등을 정확하게 책정할 수 있으므로 경쟁업소보다 장사를 잘 할 수 있을 뿐만 아니라 주요 원자재를 회원점들 간에 공동구매하여 식자재 원가를 낮출 수도 있다.

그러나 이러한 장점 외에 회원점들 서로 간에 결속력이 부족한 점이 앞으로 개선해야 할 부분이다(회원점 창업의 장단점 분석편 참조).

자금조달계획 결정

창업을 결정하는 순간부터 항상 염두에 두어야 할 부분이 자금조달계획이다. 본인이 어느 정도의 자금으로 창업할 것인지와 자기자본규모는 어느 정도인가를 파악하고 미리미리 계획을 세워야 한다. 순수하게 100% 자기자본만을 가지고 창업을 할 수 있으면 좋겠지만 그렇지 않은 경우에는 차입금의 규모를 정하고 차입기관이나 방법 등을 상세하게 준비하지 않으면 낭패를 보기 십상이다. 은행이나 금융기관에 예치되어 있다면 다행이지만 그렇지 않은 경우에는 정확하게 현금화가 돼서 들어오는 순간을 자기자금으로 보는 것이 좋다. 부동산 등에 투자되어 있어 현금화 시기가 불투명하거나 타인에게 빌려 준 돈을 어느날에 돌려받을 수 있다는 계획만으로 자금계획을 세울 경우, 부동산이 계획대로 처분되지 않거나 채무자의 예기치 못한 사정으로 인해 낭패를 보는 경우가 많다. 그리고 부족한 자금을 금융기관이나 친인척 등에게서 차입하여 창업하려고 하는 경우에는 더욱더 자금조달계획을 치밀하게 세울 필요가 있다.

금융기관에서 자금을 조달받을 경우에는 본인의 신용상태와 담보제공 능력 등을 해당 금융기관에서 정확히 상담한 후에 실제적으로 돈이 들어오는 시기를 아는 것이 중요하다. 막연히 내가 이 정도는 은행에서 융자받을 수 있겠지 하는 생각으로 일을 시작하여 어려움을 겪는 경우가 많다. 친인척한테서 부족한 자금을 조달받을 경우에는 더욱 신중해야 한다. 그리고 어떠한 경우에든 남의 돈을 쓰게 되는 경우에는 이자 및 원금을 상환해야 하므로 이에 대한 계획도 세워야 한다. 아무리 적은 돈일지라도 조금만 여유가 있으면 바로 바로 현금화가 가능한 은행을 이용하는 것이 바람직하며, 창업시기에 맞추어 적금을 드는 것도 필요하다. 또한 2곳 정도의 주거래 은행을 거래하여 신용

카드 등의 거래실적을 쌓아놓는 것도 좋다. 본인의 신용정도에 따라 담보 없이도 대출이 가능하거나 마이너스통장 등을 이용하여 일정금액 이하의 자본은 손쉽게 조달할 수도 있다.

그리고 요즘은 서울 각 지역 및 지방에 설립되어 있는 중소기업청 산하 소상공인지원센터를 통해 창업을 상담하고 저리로 자본을 융자받을 수 있는 길이 있으므로 이런 곳을 찾아가 도움을 받는 것도 필요하다.

서울 소상공인지원센터 위치 및 연락처

센터명	위　치	전화번호
을지로 센터	기업은행 본점(2층) (중구 을지로)	774-7321~3 (FAX:774-7320)
동작 센터	숭실대학교 한경직기념관(지하1층) (동작구 상도동)	824-0983~4 (FAX:824-0985)
여의도 센터	중소기업협동조합중앙회(8층) (영등포구 여의도동)	782-5716~7,6476 (FAX:782-6477)
강남 센터	한국여성경제인협회(8층) (강남구 대치동)	528-4391~3 (FAX:528-4390)
강북 센터	강북구 우성빌딩(6층) (강북구 수유3동)	990-9104~3 (FAX:990-9104)

입지선정, 점포결정

업종선택, 창업방법, 자금규모가 결정되면 다음으로는 적합한 장소와 점포를 물색해야 한다. 보통 초보 창업자들은 좋은 장소에 좋은 점포만 잡으면 모든 장사가 다 잘되는 것처럼 생각하고 장소부터 잡는 경우가 많으나 이는 바람직한 방법이 아니다. 업종이나 메뉴, 점포의 크기 등에 따라서 적합한 입지나 점포가 있기 마련이다. 이런 점을 무시하고 번화한 곳에 비싼 점포를 계약하고 난 후에 고전하거나 내가 하려는 업종과 맞지 않아 고민을 하면서 심리적으로 쫓기는 신세가 되는 경우가 많다.

내가 하려는 업종에 맞는 적합한 점포를 구하는 것은 상당히 중요한 부분이므로 점포를 계약하기에 앞서 꼼꼼히 살펴보고 최종적으로 전문가의 도움을 받는 것이 좋다. 이때에는 어떠한 특정 메뉴만을 취급하는 체인본사나 전체업종을 막연하게 컨설팅하는 업체와 상담하기보다는 그 방면에 충분한 노하우가 축적된 업체를 선택하는 것이 좋다. 외식업의 경우 취급하는 메뉴에 따라 적합한 장소가 다르다. 이러한 사전 지식을 갖고 본인이 노력하면 의외로 적은 자본으로도 가장 적합한 틈새 점포를 얻을 수 있는 행운도 잡을 수 있다.

외식업에 있어서의 입지선정, 점포결정 방법, 그리고 점포를 계약하기에 앞서 꼼꼼히 챙겨두어야 할 것들이 많다. 부동산을 통하여 계약을 하는 경우에는 보통 부동산 업자가 이를 대신해 주는 경우가 많으나 이를 100%믿지 말고 본인이 직접 계약 직전에 확인하는 것도 중요하다. 건물의 등기부등본에서 소유주와 압류 등의 문제를 확인하는 것이 중요하다. 또한 구청에서 도시계획을 확인하여 향후의 문제도 사전에 체크해야 한다. 점포나, 건물의 공시가격에 비해 과도하게 채권이 설정되어 있거나 해당 점포에 불리하게 도시계획이 잡혀 있을 경우에는 계약을 미루는 것이 좋다.

그리고 계약할 때에는 전주인한테 중요한 서류를 받아 놓아야 한다. 먼저 어떤 업종으로 허가되어 있는지를 확인하고 그것을 승계해서 사용해야 할 경우에는 '영업자 지위승계서, 양도 양수계약서, 허가증 원본, 인감증명서 등을 받아 놓아야 한다. 그리고 양도자의 도장 날인란에는 반드시 인감도장을 받아 놓아야 한다. 그렇지 않고 계약을 마무리하고 잔금을 치른 후는 전주인을 찾아다니며 서류의 도장을 받기가 어려운 경우가 많다. 이러한 서류는 계약 전에 구청에 들러서 필요한 것을 미리 준비해 가면 편리하다.

그리고 계약시에 꼭 챙겨야 할 사항 중에 하나가 권리금에 무엇무엇이 포함되어 있는가를 상세히 기록하는 것이다. 대충 눈으로 훑어보고 계약했다가 나중에 잔금을 치를 때에 분쟁이 발생하는 경우가 종종 있다. 특히 업소가 배달전문점인 경우 전화번호가 권리금 항목 중에 들어가는가를 분명히 하는 것이 중요하다.

메뉴선정 및 가격결정

점포의 입지, 규모, 시설정도에 따라 주력메뉴 및 부가메뉴가 달라지며 가격도 다양하게 적용되어야 한다. 상권의 특성을 파악하고 구체적인 소비형태를 조사함으로써 어떠한 메뉴를 주력메뉴로 할 것인가? 메뉴구성은 어떻게 할 것인가? 가격은 어떻게 정해야 하는가가 결정된다. 우동 전문점의 경우 점포가 대학가의 신세대가 밀집한 지역에 위치하느냐, 아니면 중장년층 샐러리맨이 밀집한 오피스타운에 위치하느냐에 따라서 가격과 국물맛이 달라질 수밖에 없다. 또한 주변에 있는 경쟁업소에 따라서 달라질 수도 있다. 주변 경쟁업소의 분위기, 맛, 가격, 주력메뉴 등에 따라서 본인 업소의 경쟁전략을 수

립해야 한다. 이와 같이 철저한 시장조사와 경쟁업소의 벤치마케팅을 통하여 본인점포의 차별화된 경쟁전략이 수립되어야 한다.

메뉴구성에 있어서 일반인들이 범하기 쉬운 실수가 처음부터 너무 많은 욕심을 내서 전문음식점의 특성을 살리지 못한다는 것이다. 요즘 성공하는 외식업소의 특성 중 하나는 대형화되어 있거나 소규모 전문점으로 양극화되는 현상이다. 메뉴계획을 짤 때에도 전문점위주의 구성과 이에 어울리는 같은 류의 음식메뉴로 구성을 해야 한다. 음식점 경영컨설팅을 하다 보면 해물탕집에서 갈비탕을 추가로 취급하거나 우동집에서 된장찌개를 취급하는 등 서로 연관이 없는 메뉴로 구성된 경우를 종종 본다. 이렇게 되면 전문성이 떨어져서 고객들에게 인정을 받지 못할 뿐만 아니라 음식점을 운영하는 사장이나 조리하는 사람도 재료 관리가 비효율적이고 원가도 높아진다.

일반적으로 처음에는 10가지 이내의 메뉴를 선정하고 여기에서 2~3가지 정도의 주력메뉴를 선정하는 것이 좋다. 여기에 한가지 정도는 전략적으로 가격을 낮게 하거나 양을 풍부하게 하여 고객들에게 깊은 인상을 심어주는 것도 좋다. 그리고 한달 내지 두달 간격으로 고객이 제일 찾지 않는 메뉴 2~3가지를 새로운 메뉴로 교체해 나가는 것이 바람직하다. 이렇게 2~3년 운영하다 보면 전문점으로서의 메뉴가 확고하게 자리잡히게 된다. 또한 계절별로 특별한 메뉴나 서비스 메뉴를 미리 개발하여 이를 적절히 활용하는 것도 좋다.

음식맛 전수 및 숙달

음식장사에 있어서 음식의 맛은 가장 중요한 핵심이다. 물론 맛이 있다고 해서 모든 음식점이 다 잘되는 것은 아니지만 음식장사에 있어서 가장 중요한 맛의 욕구를 충족시키지 못하고 음식점으로 성공하기를 바랄 수는 없다. 평소 주변에서 음식을 잘한다는 말만을 믿고 무작정 음식점을 차리거나 음식맛을 잘 내는 주방장을 고용해서 운영을 하면 되지 하고 음식점을 시작했다가 낭패를 보는 사람들이 있다. 규모가 있는 음식점을 운영하고 나름대로 돈을 좀 벌었다는 음식점 사장님들과 상담하면서, 지금까지 제일 어려웠던 것이 무엇이냐고 질문해 보면 한결같은 대답이 사람관리, 특히 주방장 관리가 제일 힘들었다고 한다. 음식점 사장이 맛내는 법을 모르고 있으면 주방장의 횡포(?)가 이만저만이 아니며 주방장이 바뀔 때마다 맛이 바뀌어 곤란했던 적이 한두 번이 아니라고 한다. 그렇다고 마땅하게 맛내는 비법을 배울 수가 없어 그냥 꾹꾹 참고 주방장을 상전 모시듯이 하며 음식점을 운영해 왔다고 한다.

이와 같은 상황을 볼 때 작은 점포의 음식점일수록 사장이 직접 맛을 내고 주방을 관리해야 하며 주방장을 고용하더라도 사장이 직접 맛을 관리할 수 있는 정도는 되어야 항상 같은 맛을 유지할 수 있고 급한 상황에 대처할 수도 있다.

체인점인 경우 창업하면 모든 것을 본사에서 다해주기 때문에 음식맛을 배우지 않고 단순하게 조리만 하면 된다고 하지만 이것도 주의해야 할 부분이다. 본인이 음식의 노하우를 모르고 단순히 조리방법만 익혀 영업을 하다 보면 항상 체인본사에 끌려다니지 않을 수 없고, 만약의 경우 체인본사가 도산하거나 소스 등이 오지 않을 경우에는 속수무책으로 문을 닫을 수밖에 없다.

그렇다면 음식의 맛을 내는 법을 어떻게 배울 수 있을까? 보통 자신이 하려고 하는 업종의 음식점에 취업하여 배우라고 권하고 있지만 이러한 방법은 전혀 현실적인 방법이 아니다. 잘되는 음식점의 주방에 취업을 하기도 어려울 뿐더러 설령 무보수로 취업을 한다고 해도 중요한 맛을 배우기란 하늘의 별따기만큼이나 어려운 일이다. 며느리에게도 알려주지 않는다는 맛의 비밀을 누가 그렇게 쉽게 알려 주겠는가. 남의 말만 믿고 이런 방법으로 시작하다가는 설거지나 궂은 일만 하다가 중요한 시간만 낭비하고 창업의 꿈까지 포기하는 경우가 많다. 그러나 전체적인 분위기를 숙지하기 위하여 취업하는 경우에는 본인이 하기에 따라서 여러 가지 이득을 얻을 수도 있다.

이와 같이 음식점을 하려는 사람은 꼭 개업 전에 본인이 맛내는 법을 아는 것이 중요하다. 요즈음은 각 업종에 경험과 노하우가 풍부한 전문가를 초빙하여 창업요리만을 전문적으로 가르치는 학원이 생겨 음식점 초보 창업자에게 여러 가지 실질적인 도움을 주고 있다. 이런 학원을 이용하거나 일정한 비용을 지불하고 요리전문가에게 의뢰하여 자기가 원하는 요리를 개발하여 시작하는 것도 좋다. 그런 후에 개업 전까지 충분히 연습하고 주변 사람들에게 평가를 받는 것이 중요하다.

오픈 세부계획 수립

■ ■ ■ 인테리어 시설계획

점포가 확정되면 먼저 정확한 실측을 하는 것이 중요하다. 일반적으로 계약한 평수보다 본인이 사용할 수 있는 평수가 적은 경우가 많다. 특히 상가 등의 점포를 분양하여 사업을 시작할 경우에는 분양평수에 60% 정도밖에 가용면적이 안 되는 경우도 있다.

인테리어와 주방시설을 정확하게 실측한 다음 도면을 먼저 고려해 보는 것이 중요하다. 그래야 좌석수를 확인하고 좌석배치를 조정할 수도 있고 필요한 그릇 등도 산출할 수가 있다. 또한 사용할 수 있는 전력량을 확인하고 상하수도 시설이나, 간판 등을 미리 미리 체크하는 것이 중요하다.

체인점으로 창업을 하는 경우에는 이러한 점들을 본사에 일괄적으로 일임하고 도면이나 중요한 사항들을 체크하지 않는 경우가 많은데 이보다는 담당자나 전문가의 도움을 받아 사장이 직접 체크하는 것이 좋다. 그런 다음 작업진행일정을 확인하고 중간점검을 꼭 하는 것이 좋다. 중요한 것은 시설은 본인의 자본규모에 맞게 하되 여러 업체에서 견적서와 도면을 받고 그 중에서 선택하는 것이 좋다.

■ ■ ■ 주방설계, 집기비품계획

취급하는 메뉴에 따라 주방기기의 선택이 달라진다. 초보 창업자의 경우 현실적으로 주방기기의 배치를 설계하고 필요한 그릇 등을 선정하기가 만만치 않다. 이러한 경우 전문가의 도움을 받거나 2~3곳의 업체로부터 도움을 받아 결정을 하기 전에 사전지식을 쌓아가는 것도 한 방법이다. 그렇지 않고 대충 대충 주방기기를 구입했다가 비싼돈을 들인 제품이 쓸모없어지거나 주방배치가 잘못되어 고생을 하는 경우가 허다하다. 그런 다음에 가스용량 등을 체크하고 점검하여야 한다. 특히 도시가스를 사용할 경우 한 2주 전에 공급계약을 체결하여야 한다.

인테리어나 주방설계, 비품구매 등의 경우도 전문적인 업체로부터 일정부분의 도움을 받아 실시하면 오히려 비용을 절감하고 효율적으로 시공할 수 있다.

영업허가(일반 음식점 영업)

점포를 계약하기 전 영업허가 가능 지역인지를 먼저 확인한다(구청).
건축물 대장 확인, 도시계획 확인원 등

- 영업허가 신규 신청시 구비서류
  1. 식품영업허가신청서
  2. 건축물 관리대장 등본
  3. 영업시설 개요(서식의 뒷면에 객장과 주방이 구획된 평면도를 약식으로 기재)
  4. 위생교육 필증
  5. 도장 및 주민등록증
- 영업허가 지위 승계시 구비서류
  1. 양도자 영업허가증 원본
  2. 양도 양수계약서(양도자 인감도장 날인. 서식 구청민원실 비치)
  3. 영업자 지위승계서(양도자 인감도장 날인. 서식 구청민원실 비치)
  4. 양도자 인감증명서
  5. 위생교육 필증
- 사업자등록증 신청
  영업허가증 발급 후 20일 이내 관할 세무서 민원봉사실에 신청
  구비서류 : 사업자등록 신청서
  　　　　　　　주민등록등본 2통
  　　　　　　　영업허가증. 임대차 계약서 사본 1부

■ ■ ■ ■ ■　업무계획

사업을 시작하기 전에 여러 가지 허가사항이나 행정사항을 체크하여야 한다.
먼저 각 지역의 해당 음식업 중앙회에서 실시하는 위생교육을 마치고 ‘교육
필증’을 받아야 한다. 교육필증, 영업허가증 원본, 영업자 지위승계서, 양도
양수계약서를 지참하여 해당 관할구청에서 영업허가증을 교체해야 한다. 신
규 영업허가의 경우에는 식품영업허가 신청서, 영업설비 개요 등의 서류가
필요하다. 이런 서류를 해당관청에서 발급받은 후 세무서에 사업자등록증을
발급받으면 된다. 한가지 참고적으로 알아야 할 것은 음식점을 하는 사람들
이 신용카드 가맹점 설치를 기피하는 경우가 많은데 이는 오히려 영업에 방
해가 되는 요소이다. 요즈음 정부에서 카드사용을 권장하고 있고 더 많은 매
출을 유도하기 위해서는 카드 가맹점 가입을 하는 것이 유리하다. 그리고 개
업하기 전에 미리 영수증을 준비하여 영수증을 요구하는 사람들에게 줄 수
있어야 한다. 영수증을 요구하는 사람들은 개인 돈으로 지불하는 경우보다는
공금으로 비용을 지불하는 경우가 많기 때문에 영수증이 없을 경우 경비처리
를 받을 수 없고 다시 찾아오지 않는 경우가 있다.

■ ■ ■ ■　홍보계획

오픈날짜에 맞춰 홍보기획도 미리 미리 챙겨 두어야 한다. 오픈홍보 전단은
어떻게 만들 것인가? 배포는 어떻게 할 것인가? 판촉물은 어느 정도 수준에
서 해야 할 것인가를 미리 계획하고 준비하여야 한다. 이러한 것들은 어느 정
도 제작 기일이 필요하기 때문에 미리 제작을 의뢰하지 않으면 막상 오픈날
짜가 되었는데도 홍보물이나 판촉물이 납품되지 않아 당황하는 경우가 있다.
그리고 직원이나 아르바이트 채용도 최소한 개업 5일 전에는 확보해 두어야
한다. 그리고 홀과 주방으로 나누어서 정확하게 역할을 분담하고 충분히 손
발을 맞추어 보아야 개업 당일날 낭패를 당하지 않는다. 그냥 식구들끼리 시

작한 후에 차차 상황을 봐가면서 채용해 나가지 하는 식으로 개업을 하게 되면 개업 당일날 손발이 맞지 않을 뿐만 아니라 고객들에게 좋지 않은 인상을 남길 수도 있다.

개업당일의 이벤트 행사에도 신경을 써야 한다. 흔히 음식점 개업날은 호떡집에 불난 것처럼 시끌벅적해야 한다는 말이 있다. 초보 창업자들은 한꺼번에 손님이 밀려오면 어떻게 하나? 쑥스러운데 뭐 그렇게까지 할 필요가 있나 해서 오픈이벤트를 꺼리는 경우가 많으나 오픈행사는 되도록 성대하게 하는 것이 좋다. 정 오픈행사가 힘들다면 점포 앞에 신장개업을 알리는 만국기나 플래카드, 삼색기라도 달아놓는 것이 좋다. 그리고 개업 하루 전에 지역 신문 보급소에 연락해서 개업 당일날 아침에 홍보전단이 들어가게 해야 하는 것도 잊지 말아야 한다.

식자재 체크 및 구매처 확정

경험이 부족한 초보 창업자들이 음식점을 개업하면서 겪게 되는 어려움 가운데 하나가 수많은 식자재를 구매하고 거래처를 확보하는 일이다.

사전에 충분한 준비 없이 개업을 준비하다 보면 하루에도 수십 번씩 빠진 식자재를 구매하러 뛰어다니는 수가 많다. 그러나 사전에 필요한 상품리스트를 꼼꼼히 작성해 두고 분류별로 납품업체를 확보해 두면 크게 어려울 것이 없다. 먼저 필요한 재료 및 조미료 등은 요리를 배우는 과정에서 꼼꼼히 기록해 두어야 한다. 재료 중에는 미리 미리 준비해도 되는 품목과 개업 전날이나 개업 당일날 구매하여야 할 것들도 분리해 두어야 한다. 생선이나 야채류 등은 구매처를 미리 확보하고 개업 전날이나 개업 당일날 구입하는 것이 좋다.

구매처는 2곳 이상을 선정해 두는 것이 좋다. 보관기간이 긴 제품들은 대형 할인점 등을 이용하여 점포가 쉬는 날 한꺼번에 구입해 두면 원가를 절감할 수 있다. 그러나 급하게 필요할 경우를 대비하여 주변에서 구입해서 쓸 수 있는 곳도 알아놓아야 한다.

개업 최종점검 및 오픈 리허설

모든 준비가 완료되면 최종적으로 확인을 해야 한다. 이때에는 집기비품 등이 제대로 준비되고 제자리에 잘 정돈되어 있는지 주방기기는 제대로 작동되는지를 차근차근 확인하여야 한다. 그리고 사용요령이 숙달되어 있지 않은 부분에 대해서는 밤을 새워서라도 사용방법을 완전히 익혀야 한다. 특히 직원들과의 역할분담을 다시 한번 확인하고 손발을 맞추어 보아야 한다. 이때에는 아르바이트생도 참석시켜 손님 접대요령 및 메뉴에 대한 충분한 설명이 가능하도록 미리 연습하여야 한다. 그리고 초대한 손님들의 참석 여부도 체크해 두어야 한다. 정확한 인원을 파악하지 못하여 재료를 너무 많이 준비하거나 적게 준비하여 어려움을 당하는 경우가 종종 있다.

이렇게 최종점검을 한 후에 본격적인 개업에 앞서 총체적인 리허설(예행연습)을 하여야 한다. 이때에 주변의 친인척들을 초대하여 충분히 예행 연습을 할 필요가 있다. 나를 진정으로 걱정해 주는 사람이 아니면 조그만 문제에 대해서 조목조목 체크해 주지 않는다. 이때 발견되는 문제점을 개업 전에는 반드시 보완하여야 한다. 만약 중대한 문제점이 발견되고 그것이 개업 전에 개선이 되면 다행이지만 그렇지 못할 경우에는 개업일을 뒤로 연기하더라도 문제를 완전히 보완하고 개업하는 것이 좋다.

음식점은 개업 후 며칠 사이의 손님 및 분위기가 상당히 중요하다. 일단 장사를 시작한 후에 부정적인 첫인상이 심어지면 고쳐지기가 상당히 힘이 들므로 처음부터 문제점을 없앤 후에 시작하여야 한다. 그렇지 않으면 처음에는 흔히 오픈 발이라는 것이 있어 장사가 잘되는 듯 하지만 손님들은 이내 발길을 돌리기 마련이다.

홍보전단 배포

전단을 개업예정일 며칠 전부터 신문에 넣어 홍보하는 수도 있으나 일반적으로 소규모 점포에서는 개업 하루 전에 신문 보급소에 전달하여 개업당일날 배포되도록 하는 것이 좋다. 종이의 질과 크기에 따라서 장당 배포(삽지) 가격이 달라지는데 보통 8~20원 사이라고 보고 매수를 미리 계산하여 돈을 준비하는 것이 좋다. 그리고 보급소 직원을 불러 배포할 지역을 정하고 장수를 계산하다 보면 보급소측에서 배포 부수를 과다하게 얘기하는 경우가 많다. 이때에는 요구하는 매수를 다 주어 비싼 돈을 들인 홍보물이 낭비되는 것보다는 조금 적은 수량을 주고 여러번 나누어 넣는 것이 효과적이다. 그리고 새로 신문을 신청하면서 한번정도는 서비스를 받을 수가 있으므로 이 방법을 이용하면 단돈 몇 만원이라도 절약할 수 있다.

신문에 넣어서 홍보하는 방법이 한꺼번에 수천, 수만 장을 뿌릴 수 있어서 좋으나 효과면에서는 장담을 할 수 없다. 이때에 사용하는 방법이 아르바이트생을 동원하여 가가호호 뿌리는 방법이다. 믿을 수 있는 아르바이트생을 확보만 한다면 신문배포보다 훨씬 효과적이다.

오픈이벤트 및 그랜드 오픈

개업날은 불난 집을 만들어라! 무슨 말인가 하면 개업하는 날은 무슨 방법을 동원해서라도 사람이 몰려 북적북적하게 만들라는 것이다. 그래야 주변사람이나 지나가는 사람들이라도 호기심을 갖고 당장은 들어오지 않더라도 나중에 꼭 한번 들러봐야지 하는 생각이 드는 것이다.

도우미들을 동원하여 신나는 음악을 틀어 놓고 춤을 추거나, 가두 전단을 뿌리며, 매장 오픈을 알리면 웬만한 사람들은 관심을 가지고 한번쯤은 꼭 들르게 된다. 이때에 점포 앞에 만국기를 달아놓거나 오픈을 알리는 삼색기, 풍선 아치 등을 해 놓으면 더욱 효과적이다. 요즘은 이런 오픈이벤트를 대행해 주는 곳이 많다. 50~100만원선이면 신경을 쓰지 않아도 전부 다 알아서 해준다. 이렇게까지는 하지 않더라도 오픈을 알리는 삼색기(배너) 만이라도 꼭 달아놓는 것이 좋다. 웬만큼 넓은 평수의 매장이 아니라면 을지로에서 10만원 미만이면 모두 구입할 수 있다.

미리 구입하여 인테리어 업자에게 맡겨 놓으면 알아서 설치를 해주는 경우가 많다. 그리고 지나가는 행인을 대상으로 시식회를 하는 것도 효과적이다. 우리 점포의 맛을 알리고 설명하는 좋은 기회를 만들라는 것이다. 그렇게 함으로써 사람들에게 점포의 개업을 떠들썩하게 알리고 호기심을 갖게 할 수 있다.

개업 후 판촉, 고객관리

음식점을 개업하게 되면 흔히 오픈발이라는 것이 있어 한동안은 장사가 잘되기 마련이다. 음식장사를 처음 시작하는 사람들은 이런 현상이 계속 이어질 줄로 생각하고 자만에 빠지는 수가 많다. 이때에 고객들에게 내 가게에 대한 좋은 인상을 심어주어야 한다.

음식장사는 개업 후 최소한 3개월 정도는 원가계산에 둔해야 한다. 어떤 사람들은 개업을 하고 월말이나 한달이 되자마자 조급하게 계산기를 두드리며 원가를 계산한다. 자기가 생각했던 것보다 원가가 많이 든다는 것을 확인하면 바로 다음날부터 양을 줄이거나 가격 문제를 고려해 보는 사람들이 많은데 이는 절대로 피해야 할 방법이다. 개업 초기에는 일반적으로 원가 비중이 높아지기 마련인데, 이를 바로 경영에 반영하면 손님들이 먼저 알아보고 발길을 돌리는 경우가 많다.

음식장사에 성공한 사람들의 이야기를 들어보면 표현은 달라도 아끼지 않고 퍼준다는 경영방식이 한결같이 일치한다. 이와 같은 점을 생각하고 개업 후 최소한 3개월 정도는 원가계산을 하지 않고 처음의 마음가짐으로 밀고 나가겠다는 단단한 각오가 필요하다.

또한 하루하루의 매출에 민감한 반응을 나타내지 않는 것이 중요하다. 매출에 민감한 반응을 보이게 되면 잘되는 날은 문제가 없겠지만 그렇지 않은 날은 사장의 표정이 얼굴에 나타나게 된다. 이로 인해 종업원들은 불안한 마음을 갖게 되고 그 분위기가 손님들에게까지 전달되어 가게에 좋지 않은 인상을 심어주게 된다. 음식장사는 최소한 6개월은 해봐야 성패가 가려진다. 6개월 정도는 한결같은 마음과 서비스로 임하겠다는 결심이 필요하다.

그리고 가게를 일단 개업한 후에는 개점과 폐점 시간을 출입구에 표시해 놓고 이 시간만큼은 어떠한 경우가 있더라도 지켜야 한다. 이것을 가볍게 생각하고 개점과 폐점시간, 또는 휴일이 들쭉날쭉하는 경우가 많은데 영업시간은 꼭 지켜야 할 고객과의 약속이다.

소규모 점포의 경우 홍보전단은 개업 전에 한번 뿌리고 그만이라는 생각을 하는 사장들이 많은데 이는 잘못된 생각이다. 개업 후에도 일정한 간격을 두고 홍보전단을 배포하여 가게를 알려야 한다. 이때에 매번 똑같은 전단을 뿌리는 것보다는 내용을 약간씩 바꾸거나 새로운 서비스 내용 등을 추가하여 넣으면 큰 효과를 볼 수 있다. 한번 기획한 전단지에 내용을 조금 추가하고 변경을 하는 것은 그렇게 큰돈을 들이지 않아도 가능하다.

그리고 고객들에게 항상 기대와 흥분을 심어주어 가게를 기억하게 만드는 것도 중요하다. 어떤 돈까스 전문점의 사장은 손님이 가득 차 있는 시간대에 '오늘의 00번째 손님' 또는 '개업 후 000번째 손님' 하는 식으로 예고 없이 깜짝 이벤트를 준비하고 많은 손님들이 보는 가운데 선물을 제공한다. 큰 선물이 아니더라도 손님들에게 재미와 기대를 불러일으키는 효과 좋은 판촉전략 중의 하나이다. 이것이야말로 '누이 좋고 매부 좋은' 방법이 아닌가 한다. 꼭 이런 방법이 아니더라도 조금만 관심을 가지고 머리를 쓰면 내 점포에 맞는 여러 가지 판촉 아이디어와 방법이 있다. 어쨌든 점포를 생동감 있는 가게로 만드는 것은 중요하다.

이제 개업을 한 이상 철저한 경영자의 자세로 사업에 임해야 한다. 소규모 음식장사라고 가볍게 생각해서는 절대로 안 된다. 사장은 항상 긍정적이고 활달한 자세를 끝까지 잃지 않아야 한다. 어떠한 일이 있더라도 가게문을 열고 닫는 순간까지는 사장은 긍정적이고 씩씩한 모습을 유지하여야 한다. 철저한 사전준비와 고객감동, 그리고 자신에 대한 철저한 관리와 노력만이 성공의 지름길이다.

3 최근 음식점 창업의 새바람

전문화, 대형화, 간편화, 건강지향 바람 거세질듯

음식장사도 차별화 시대!

'음식장사하면 망하지는 않는다?'

과연 그럴까. 3~4년 전쯤에는 어느 정도만 해도 유지는 할 수 있었다. 하지만 지금은 상황이 많이 달라졌다. 이제는 음식점수가 많아졌고 IMF 이후 외식소비도 충분히 회복되지 않아서 경쟁이 매우 치열해졌다. 문을 닫는 음식점도 주변에서 많이 볼 수 있다. 안타까운 현실이다. 이제는 살아남기 위해 옆 가게와 남다른 점, 즉 차별화를 위해 여러 가지 측면에서 노력하여야 한다. 또한 노동집약형에서 점점 탈피, 음식점 운영과 조리과정을 능률화, 효율화하여 부가가치를 높이려는 시도들이 많이 행해지고 있다. 이러한 음식점 창업의 새바람은 최근에는 전문화, 대형화, 간편화, 건강지향 측면에서 두드러진 특징들이 나타나고 있다.

전문화

백화점은 상품구색이 다양해야 좋지만 음식점은 꼭 그렇지 않다. 음식점에 있어서만은 종합백화점과 달리 전문점이 선호되고 있다. 소비자도 그 음식을 먹으려면 전문점에서 먹는 것이 훨씬 맛을 잘 낸다고 생각하고 있고, 실제로도 전문점이 맛을 더 잘 낼 수 있는 여건을 갖추고 있다. IMF 이후 외식소비가 줄자 전문화 대신 복합화 경향으로 가는 듯 했으나 최근에는 세분화, 전문점화 추세가 더욱 가속되고 있다.

한식집의 경우도 전에는 이 음식 저 음식을 다 취급했으나 지금은 설렁탕, 갈비탕만 전문으로 취급하는 탕 전문점, 찌개류만 취급하는 찌개 전문점, 솥밥 전문점, 쌈밥 전문점 등으로 전문화되어 가고 있고 기존의 전문점들이 더 성업중에 있다.

칼국수 전문점의 경우도 바지락 칼국수, 황태 칼국수, 닭 칼국수, 사골 칼국수 등으로 마찬가지 현상이 일고 있다. 많은 메뉴를 취급하는 것이 유리한 분식점의 경우에도 전문화를 시도하고 있다. 즉 용우동, 장우동, 종로김밥, 신포만두 등의 전문점은 실제메뉴는 다양하나 대표메뉴를 내세워 전문화를 시도하고 있는 사례이다.

대형화

최근 음식점 창업시 두드러진 차별화시도로써 활용되는 특징의 하나가 바로 대형화이다. 50~100평 이상의 대형음식점이 많이 들어서고 또한 소자본 창업붐에 따른 15평 이하의 소형음식점이 많아지면서 양극화 현상이 나타나고 있는 것이다. 일반 소매점포도 마찬가지다. 동네 소형 구멍가게는 살아남았으나 중간규모의 슈퍼마켓은 대형백화점이나 할인점에 밀려 경쟁력을 잃고 있는 것처럼 음식점에도 마찬가지 현상이 적용되고 있다.

음식점은 안정성이 확보된 이면도로 입지가 적합하다는 것이 통념이었으나 최근에는 대로변에 대형간판을 내건 횟집, 갈비집 등이 눈에 띄게 많이 늘어가고 있다. 즉 전문화 등의 질적 차별화에서 오는 한계를 극복하고자 양적 차별화를 시도한 경우이다. 음식점의 규모가 크면 고객의 유인력이 높아지고, 여기에 주차시설만 완비된다면 넓은 지역의 상권까지도 흡수가 가능하다. 또한 대량구매에 따른 식재료 구입의 원가절감과 인건비, 관리비 등의 효율을 높일 수 있는 이점이 있다.

 **건강지향**

건강을 지향하는 것은 모든 사람들이 원하는 바이다. 하지만 최근 들어 더욱 높아진 건강에 대한 관심과 음식의 원재료에 대한 불신경향이 팽배해지면서 '건강테마' 는 새삼 새로운 이슈로 떠오르고 있다. 이러한 건강붐을 타고 몸에 좋다는 음식인 오리요리, 황태요리, 버섯요리 등이 음식점 창업의 적합한 성장기 아이템으로 선호되고 있다.

어떤 음식점은 조리시에 건강에 좋은 물을 사용한다고 한다. 몸에 좋은 지장수(황토를 걸러낸 물)나 죽탄수(대나무숯으로 걸러낸 물)를 갖고 조리한다든지 강원도 설악산 천연암반수를 사용함으로써 차별화 시도를 하고 있는 것이다. 또 좋은 식재료를 강조하기 위해 원산지를 내세우거나 아니면 녹차먹인 돼지, 녹차 칼국수, 인삼먹인 소 등의 사례에서 보듯이 '건강' 을 강조한 차별화시도가 더욱 거세질 듯하다.

간편화

여기에서 말하는 간편화 개념은 고객대상의 메뉴나 테이블 세팅상 간편화 개념이 아니라 음식준비와 조리과정상의 '간편화' 개념을 말한다.

지금까지 맛을 내는 것은 주방장 개인의 손맛에만 의지해 왔던 것이 사실이다. 한식의 깊은 맛을 내려면 보글보글 끓이고 지글지글 볶는 요리 과정을 거쳐 깊은 맛을 내왔다.

하지만 이제는 양식이나 일식 등의 체인점처럼 체계화된 레시피에 의해 조리하는 경우가 늘고 있다. 아르바이트나 초보자도 쉽게 조리할 수 있는 시스템을 갖춘 한식집도 생겨나고 있다. 기존의 호텔 음식점 같은 경우 어느 정도 체계화된 부분도 있으나 개별음식점에 있어서는 이런 시스템을 갖춘 음식점은 별로 없다.

앞으로는 누구라도 일정한 맛을 내고 유지할 수 있는 조리의 '간편화' 바람이 계속 불 것이다. 이렇게 시스템이 간편화되면 주방장에 의지하지 않고도 항상 일정한 맛을 내면서 운영가능하고 또한 원가절감과 인건비 절감을 기할 수 있다. 사실 이 '간편화' 는 우리 음식이 세계에 진출하기 위해 꼭 해결해야 할 과제이기도 하다.

4 프랜차이즈 선택요령
좋은 체인본사 고르는 방법

 **프랜차이즈 시스템의 정의**

프랜차이즈는 사전적 의미로 '특권' '특허' '독점판매권' 을 말한다. 그러나 일반적으로 알고 있는 프랜차이즈 시스템은 어떠한 브랜드나 영업, 기술상의 노하우를 가진 사업자(가맹본사)가 다른 사업자와 계약을 체결하고 자신의 상호나 상표, 영업 전략 및 경영 노하우를 활용하여 사업을 전개하는 형태를 말한다. 이때에 가맹점은 체인본사로부터 브랜드, 노하우, 상품 등을 제공받아 사업을 전개하는 대가로 체인본사에 가맹비, 보증금, 로열티 등의 비용을 지불하게 되며, 체인본사는 가맹점이 동일한 이미지와 상품 등으로 사업을 성공적으로 운영할 수 있도록 각종 지원을 계속적으로 해야 한다.

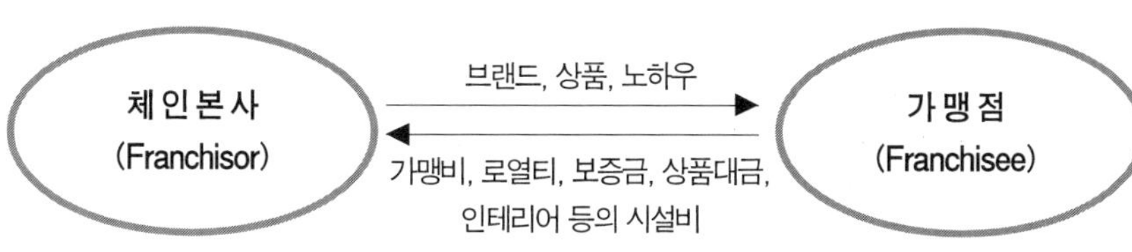

프랜차이즈 시스템의 장점

위와 같은 프랜차이즈 시스템(체인점)은 여러 가지 장점이 있다.

첫째, 사업경험이 부족한 초보 창업자가 해당분야에 충분한 노하우를 축적한 체인본사로부터 여러 가지 도움을 받을 수 있으므로 사업 초기 실패의 위험성을 크게 줄일 수 있다.

둘째, 전국적 또는 세계적으로 유명한 상표나, 상호 등의 영업표지를 내걸고 사업을 시작하므로 일반 소비자들에게 신뢰도와 인지도를 높일 수 있다.

셋째, 소규모 점포나 사업자로서는 할 수 없는 대규모 판촉활동을 가맹본부에서 실시하므로 광고 혜택을 누릴 수 있다.

넷째, 전국적으로 다수의 체인점이 형성되어 성공적으로 운영이 될 경우에는 체인본사가 한꺼번에 대량으로 상품을 구매하여 공급하기 때문에 체인점은 싼값에 상품을 공급받을 수 있다.

다섯째, 체인본사로부터 자기 점포의 판매구역을 배타적으로 보장받을 수 있다.

이외에도 프랜차이즈 시스템은 여러 가지 장점을 가지고 있다. 그러나 위와 같은 장점들은 체인본사가 선량한 사업목표를 가지고 성공적으로 운영할 때에 그 효과를 발휘할 수 있는 것이며, 장점이 많은 만큼 이 제도를 악용하는 사례가 많아 초보 창업자들은 체인본사 선정에 신중을 기해야 한다.

프랜차이즈 시스템의 단점

프랜차이즈 시스템(체인점)이 여러 가지 장점을 가지고 있는 반면, 초보 창업자들이 신중히 검토하고 접근해야 할 불리한 점도 있다.

첫째, 창업비용이 많이 든다. 창업 초기에 체인본사로부터 여러 가지 도움을 받으면 가맹비, 로열티, 보증금 등을 부담해야 한다. 특히 일부 업체에서는 과도한 인테리어 비용을 부담시키거나, 초보 창업자가 상세히 파악하기 어려운 시설비 등이 부가되는 경우가 많아 초기 창업비용이 많이 든다.

둘째, 한 곳만 잘못되어도 동반 추락한다. 각 체인점들이 동일한 영업표지와 브랜드로 영업을 하기 때문에 일반소비자들은 각 체인점들의 독립성을 인정하지 않는다. 체인본사가 도산을 하거나 신용, 여론 등에 부정적으로 휘말릴 경우에는 본인의 노력 여하에 관계없이 영업에 심각한 영향을 받거나, 동반으로 도산하는 경우도 있다.

셋째, 창의적인 점포운영이 어렵다. 소형 점포는 상권, 입지, 운영자의 성향에 따라 여러 가지 특성을 가지고 있는데 반해, 프랜차이즈 시스템은 본사의 영업방침, 아이템, 가격결정 등에 대한 통제를 받게 되므로 사실상 점주의 자율적이고 창의적인 점포운영이 어렵다.

넷째, 허위, 과장광고에 휘말리기 쉽다. 체인본사는 가맹점의 확대를 위해 전국적인 규모의 광고를 하게 되는데, 이때에 일부 체인본사들이 허위, 과장광고를 하게 되는 경우가 종종 있다. 특히 어떠한 특정한 사례를 들어 그것이 마치 모든 가맹점의 상황인 것처럼 광고를 하고 전문 영업사원(오더맨)을 동원하여 계약을 체결하게 하는데 일반 초보 창업자들은 이러한 실태를 구별하기가 사실상 어렵다.

다섯째, 계약시에 일방적으로 불리한 계약조항이 많다. 계약은 쌍방이 동등한 입장에서 이루어져야 하는데 새로 사업을 시작하려는 개인은 체인본사에 비해 상대적으로 약자일 수밖에 없다. 또한 체인본사가 여러 가지의 조건을 붙이므로 개인적으로는 동등한 입장에서 계약을 체결하기가 어려운 것이 현실이다.

여섯째, 판매마진이 적다. 체인본사가 전국적으로 어느 정도 가맹점이 확보되어 대량구매나 제조가 가능하고, 물류시스템이 구축되어 있는 경우에는 싼 가격에 물건을 구매할 수 있다. 그러나 그렇지 못한 경우에나 일부업종(외식업종 등)에 있어서는 상품에 체인본사의 유통마진이 부가되고 유통과정중의 문제점 등으로 인해 오히려 개별구매 때보다 구매원가가 높아 판매마진이 적다.

일곱째, 기술상의 노하우를 공유하지 못한다. 체인본사가 핵심이 되는 기술상의 노하우나 운영상의 노하우를 알려주지 않고 계속적으로 그것을 무기로 영향력을 행사할 경우 체인점은 항상 불리한 입장에서 체인본사에 끌려다니지 않을 수 없다.

이상과 같이 프랜차이즈 시스템이 여러 가지 유리한 장점이 있는 반면에 일반 초보 창업자들이 쉽게 극복하기 어려운 문제점들을 많이 내포하고 있다. 때문에 초보 창업자들은 업종과 체인본사의 선정에 신중을 기해야 한다.

음식점 창업에 있어서 프랜차이즈 시스템의 불리한 점

프랜차이즈 시스템은 주로 취급하는 업종이나 아이템에 따라 서로 다르게 적용되기도 한다. 일반적으로 강력한 브랜드 이미지를 요구하고 동일한 품질이 실현 가능한 공산품이나 생활용품 등의 업종에서는 긍정적으로 적용되는 반면에, 전문적인 매뉴얼화가 어렵고 현장에서 제조 및 공급이 바로바로 이루어지는 외식업(전문적인 패스트푸트 등은 일부제외)에 있어서는 그렇지 못한 경우가 많다.

체인점 시스템이 외식업에 있어서 불리한 점은 다음과 같다.

첫째, 원재료가 중간 유통 단계를 거치므로 재료가 신선하지 못하고 원가 비중이 높다. 음식은 신선한 재료로 현장에서 바로 조리할 때 가장 맛있는 맛을 낼 수가 있다. 반가공 상태의 제품을 단순히 조리하여 제공하는 것보다는 맛을 내는 법을 배워 현장에서 직접 조리할 때 더 맛있는 맛을 낼 수가 있고 재료원가도 절감된다.

둘째, 체인본사가 요리의 핵심인 소스 비법이나 맛내는 법을 공개하지 않고 상품을 공급하기 때문에 음식점을 하면서도 정작 중요한 맛내는 법을 배우지 못하고 체인본사에 일방적으로 끌려다니기 쉽다.

셋째, 점포의 입지에 따라 메뉴, 가격 등의 일률적 적용이 어렵다. 외식업은 공산품과는 달리 같은 음식메뉴라도 점포의 입지에 따라 가격 및 맛이 다르게 적용되어야 한다. 예를 들어 같은 우동이라도 신세대들이 많이 모이는 대학가와 오피스타운에서의 우동맛과 가격이 달라야 한다. 즉 점포입지와 연령층에 따라 서로 맛과 가격이 다르게 적용되어야 한다.

넷째, 전문기업이 아닌 이상 매뉴얼화가 어렵다. 프랜차이즈 시스템의 장점 중의 하나가 초보자도 가능할 수 있도록 매뉴얼화가 잘 되어 있다는 것이다.

그러나 외식업종의 경우 대기업에서 운영하는 패스트푸드가 아닌 이외의 메뉴에서는 일률적으로 매뉴얼화하기가 어려운 경우가 많다. 특히 한식의 경우 더욱 어려운 것이 현실이다.

다섯째, 아이템의 유행주기가 빠른 데 비해 신속한 대응이 어렵다. 아이템의 유행주기를 알고 맛내는 법을 배워 신속하게 대응하면 계속해서 성공적인 점포를 운영할 수 있지만 단기간 유행했다 사라지는 업종을 선택하거나, 다른 맛을 개발하지 못할 경우에는 투자비용을 회수하기도 전에 문을 닫는 경우도 있다.

# 체인점 가맹시의 유의사항

■ ■ ■ ■ 유행업종인가? 유망업종인가?

초보 창업자가 업종을 선택하는 것은 성공을 위한 가장 중요한 조건 중의 하나이다. 어떤 업종을 선택하느냐에 따라 성공을 위한 첫 단추가 잘 끼워지느냐 아니냐가 결정된다고 해도 과언이 아니다.

그러나 초보 창업자가 유행업종과 유망업종을 구별하기는 쉽지 않다. 일반적으로 특별한 노하우가 없으면서도 무분별하게 체인점이 늘어나는 업종은 대개 유행업종일 경우가 많다. 외식업의 경우에 있어서는 얼마 전에 열풍이 불었다가 지금은 찾아볼 수 없는 조개구이 전문점처럼 음식의 기본적인 요소인 맛, 포만감, 노하우가 없는데 체인점이 급격하게 늘어나는 업종을 들 수 있다.

■ ■ ■ ■ 유사업종이나 동일업종의 체인본사가 급격히 늘어나는가?

어떠한 아이템에 대해 유사업종이나 동일업종의 체인본사수가 급격히 늘어나는 업종은 체인점 가입시에 주의할 필요가 있다. 이러한 업종은 체인본사나 체인점의 난립으로 인해 시장이 급격히 쇠퇴할 수도 있다. 소비자들은 시장이 너무 난립하거나 희소성이 떨어질 경우 발길을 외면하는 경우가 있다.

■ ■ ■ 체인본사가 취급하는 상품에 대한 충분한 노하우를 지니고 있는가?

체인본사가 그 방면에 충분한 노하우를 보유하고 있지 않을 경우에는 유사업종의 체인본사가 난립할 수 있고 점포를 오픈하여 영업을 할 경우에도 여러 가지 문제점이 발생하게 된다. 이때에 체인본사의 문제해결 능력이 부족하면 본의 아니게 가맹점주가 손해를 보게 되는 경우가 많다.

■ ■ ■ 신상품의 개발과 물류시스템은 어떤가?

모든 상품은 유행이 있기 마련이다. 여기에 체인본사가 신속하게 신상품을 개발하여 유행에 민감하게 적용하지 못하거나 더 나아가 유행을 창조해 나가지 않을 경우에는 소비자들로부터 외면당하기 십상이다. 또한 전국에 걸쳐 분포되어 있는 체인점에 상품을 원활히 공급하기 위한 물류시스템이 완비되어 있는가 하는 문제는 체인점 가맹 전에 신중하게 살펴보아야 할 사항이다.

■ ■ ■ 체인본사의 주요 수입원은 무엇인가?

일부 체인본사의 경우 직영점의 수익이나 기타 고정적이고 안정적인 수입원이 확보되어 있지 못하고 단지 체인점 가맹에 따른 수익만으로 운영을 하는 업체가 있다. 이러한 업체의 경우 재정이 불안정하며, 체인점 계약률이 저조할 경우 바로 경영악화로 이어질 수 있다. 이와 같은 경우를 감안하여 초보 창업자들은 체인본사의 수입원 등을 충분히 알아볼 필요가 있다.

■ ■ ■ ■ **가맹조건이 너무 용이하지 않은가?**

일부 체인본사의 경우 가맹비, 로열티 등을 전혀 받지 않는 등 너무 좋은 가맹조건을 내세워 초보 창업자들을 현혹하는 경우가 있다. 그러나 이러한 경우에는 한번 더 그 내용을 자세히 살펴볼 필요가 있다. 너무 좋은 가맹조건을 내세울 경우 체인본사가 그 방면에 노하우를 가지고 있지 못하거나, 사업내용이 부실하거나 아니면 다른 부분에서 수익을 챙기는 경우가 있다.

■ ■ ■ ■ **브랜드의 이미지는 충분히 확보하고 잘 지켜지고 있는가?**

체인점 사업에 있어서 브랜드 이미지는 사업의 성패를 좌우하는 중요한 요소이다. 그러나 브랜드가 잘 관리되고 있지 않거나 훼손될 경우에는 사업에 지장을 초래할 수 있다. 또한 가입하고자 하는 브랜드가 일반 소비자들에게 잘 알려지지 않았을 경우에는 굳이 체인점에 가맹할 필요가 없다.

■ ■ ■ ■ **독점 영업지역은 충분히 확보하고 잘 지켜지고 있는가?**

체인점을 가맹하여 사업을 하는 이점 중의 하나가 독점적인 영업지역을 확보받을 수 있다는 점이다. 그러나 같은 상권 내에 중복적으로 체인점을 개설해 주거나, 유사 브랜드를 개설하여 줄 경우에는 심각한 영업의 타격을 입을 수 있다. 체인본사가 체인점주에게 객관적인 영업지역을 정해주고 이것을 계약사항처럼 철저히 준수하고 있는지를 살펴볼 필요가 있다.

좋은 체인본사를 고르는 요령

■ ■ ■ 직영점이 있는지 확인하고 운영상황을 살펴라

체인본사에서 운영하는 직영점은 그 회사의 재정상태와 아이템의 성공 여부를 알 수 있는 중요한 지표가 된다. 직영점은 체인본사의 중요한 수입원이며 체인점을 전개하는 데 필요한 모든 문제점을 발견하고 노하우를 축적하는 곳이다. 이러한 직영점이 어느 정도의 상권에, 몇 개의 점포가 있는지를 꼼꼼히 살펴보는 것이 좋은 본사를 고르는 중요한 방법 중의 하나이다. 또한 앞에서도 언급했듯이 직영점도 없이 다른 사람의 점포를 이용하여 체인점을 전개하는 경우도 있으므로 이를 자세히 알아볼 필요가 있다.

■ ■ ■ 운영중인 체인점수와 사업개시 연도를 파악하라

본사에서 운영하는 직영점수와 더불어 중요한 것이 체인점수를 파악하는 것이다. 사업초기라서 체인점수가 다섯 개 미만이거나, 전국적으로 너무 많은 체인점이 개설되어 있을 경우에는 계약을 한 번 고려해 보아야 한다. 체인점수가 너무 적어 아이템이 충분히 검증되지 않았거나, 너무 체인점수가 많아 방대한 경우에는 각 체인점에 대한 관리가 소홀하기 쉽고 그만큼 시장이 너무 성숙되어 있는 경우가 많다.

■ ■ ■ 취급하는 아이템이 어느 사이클에 있는지를 파악하라

모든 업종은 도입기, 성장기, 성숙기, 쇠퇴기의 경로를 거치게 되어 있다. 창업자가 시작하려는 업종이 어디에 속한 업종인가를 파악하는 것이 중요하다. 초보 창업자에게는 도입기의 업종이나 성숙후기, 쇠퇴기의 업종은 피하는 것이 좋다. 이러한 정보는 각종 신문이나 정보지, 책 등을 주의깊게 살펴보면 쉽게 알 수 있다.

■ ■ ■ 운영중인 가맹점 3곳 이상을 방문하여 직접 확인하라

창업자가 체인본사를 방문하게 되면 흔히 몇몇 체인점들을 소개해 준다. 그러나 창업자들은 체인본사가 추천하는 곳의 점주 말만을 믿지 말고 다른 점포도 방문하여 운영상황을 꼼꼼히 체크해 볼 필요가 있다. 그러다 보면 본사에서는 알 수 없었던 새로운 사실을 발견하게 되는 경우도 많다.

■ ■ ■ 본사에서 보장해 주는 상권을 파악하라

계약시에 본사에서 보장해 주는 점포의 독점적 판매지역에 대한 정보가 객관적이고 구체적인가? 또한 이러한 계약내용들이 성실히 지켜지고 있는지를 기존의 가맹점이나 계약서 내용 등을 통하여 살펴볼 필요가 있다.
체인점 영업에 있어서 막상 영업을 시작하게 되면 자기 점포의 상권영역에 따라 매출에 많은 영향을 미치기 때문이다. 이러한 내용을 미리 내다보고 문제될 소지들이 사전에 명확하게 지켜지고 있는지를 살펴보아야 한다.

■ ■ ■ 관련법규가 미비하여 제재가 예상되는 업종은 피한다

아직 관련법규나 제도가 정착되지 않아 향후에 어떻게 법이 제정될지 불확실한 업종은 일단 보류하는 것이 좋다. 큰맘 먹고 사업을 시작했는데 관련법이 제정되면서 하루아침에 피해를 보는 경우가 있다.

이상과 같이 프랜차이즈 시스템이 가지고 있는 장단점과 초보 창업자들이 체인점에 가맹할 때에 주의하여야 할 점들에 대해서 알아보았다. 어떠한 제도나 시스템이라도 그것을 이용하는 사람에 따라 서로 다르게 적용될 수 있다. 초보 창업자들은 이러한 점을 생각하고 사전에 충분한 지식을 가지고 아이템의 선정이나 체인본사의 선택에 신중을 기해야 한다.

이런 체인점 가맹은 일단 피한다

아래 사항에 해당하는 체인본사가 있을 경우에는 체인점 계약을 일단 보류하는 것이 현명하다. 그리고 추이를 살펴보면서 계약을 해도 늦지 않을 것이다. 지금 계약하지 않으면 기회가 없을 것이라는 영업사원의 말만을 믿고 계약했다가는 낭패를 당하기 쉽다.

■ ■ ■ 아이템의 노하우가 없는 업종

단기간에 너무 많은 체인점이 난립하게 되면 새로운 아이템이라 할지라도 일반 소비자들은 그 아이템에 흥미를 잃게 되어 금세 시장이 흐려지는 경우가 있다. 이러한 업종은 유망업종이라기보다는 대부분 유행업종일 경우가 많다.

■ ■ ■ 광고가 단기간에 집중되는 업체

중앙일간지에 광고를 하게 되는 경우 일회의 광고단가는 생각보다 많이 든다. 체인본사의 재정이 충분하여 광고비용을 현금으로 지불하거나, 지속적으로 광고를 할 여유가 있을 경우에는 문제가 없지만, 그렇지 못할 경우에는 본사의 부도로 이어질 수도 있다. 체인본사가 부도가 나면 본사만을 믿고 열심히 일한 체인점주들이 동반 추락하는 경우도 종종 발생한다. 또한 일정기간에 광고를 내다가 어느날 갑자기 흔적도 없이 광고가 중단되고 업체도 사라져버려 선의의 피해자를 양산하는 경우도 있다.

■ ■ ■ 오더맨(영업사원)체제로 운영되는 업체

지역총판 및 오더맨 영업체계는 여러 가지 문제점을 가지고 있다. 본부장 및 오더맨에게 지출되는 과도한 비용으로 인해 체인본부의 경영이 부실해지기 쉬울 뿐 아니라 나중에 분쟁이 발생하였을 경우 책임소재가 불분명한 경우가 많다. 또한 지역총판이나 전문영업사원들은 실적을 올리기 위하여 무리하게 영업을 하거나 체인점을 개설해 주는 경우가 많아 여러 가지 문제점을 일으키곤 한다.

■ ■ ■ ■ 동일 업종을 한 회사에서 두가지 이상의 브랜드로 체인점을 개설하는 업체

흔한 경우는 아니지만 일부 체인본사에서는 구별되지 않는 동일한 아이템을 두 가지 이상의 브랜드로 체인사업을 전개하는 경우가 있다. 먼저 시작한 브랜드나 체인점이 어느 정도 확대되어 더 이상의 체인점 전개가 용이하지 않을 경우, 새로운 브랜드를 출시하여 인접지역에 개설하는 것이다. 이러한 경우 비슷한 업종에 너무 많은 점포가 생기게 되어 체인점주는 결과적으로 수익이 줄게 된다.

■ ■ ■ ■ 지나치게 좋은 조건을 제시하는 업체

체인본사도 자선사업가가 아닌 이상 수익이 발생하여야 하고 그래야 회사가 운영된다. 그럼에도 불구하고 다른 업체에 비해 너무 지나치게 좋은 조건을 내세워 계약을 종용하는 경우에는 계약을 보류하고, 계약조건이 파격적으로 좋은 근본적인 이유를 꼼꼼히 살펴보아야 한다.

■ ■ ■ ■ 높은 인테리어 시설비나 설비비를 요구하는 업체

다른 조건은 수월한데 비해 인테리어 시설을 강제적으로 요구하거나 구체적인 설비 명목도 없이 설비비를 요구하는 업체는 이를 상세히 따져볼 필요가 있다. 다른 조건은 양보하는 대신 일반인들이 꼼꼼히 알기 어려운 인테리어나 설비비를 내세워 과도한 이익을 챙기는 업체가 있다.

알고 계세요?

일부 체인점의 바람직하지 않은 운영사례

1. 지역총판 및 총판지사의 운영: 일반적으로 총판이란 특정 아이템에 대해 특정 지역에만 판매권을 행사하는 판매회사 및 유통형태를 말한다. 그러나 일부 체인본사에서는 이를 악용, 사업아이템이 충분히 검증되기도 전에 전국에 지역을 분할해 놓고 많은 돈을 받고 판

"지역총판 및 총판지사운영"
"본부장 및 오더맨(실적 영업사원)"
"모델숍, 안테나 매장"

권을 양도하는 경우가 있다. 이런 경우 지역총판에서는 투자자금을 회수하고자 무리하게 가맹점을 개설해 주게 되는데, 이때 체인점과 체인본사간에 문제발생시 책임소재가 불분명한 경우가 많다.

2. 본부장 및 오더맨(실적 영업사원) 체계: 일부 체인본사에서 본부장이란 전문 실적 영업사원을 거느리고 체인본사로부터 일정액의 수수료를 받고 계약을 체결해 주는 책임자를 말

한다. 본부장이나 오더맨들은 체인본사로부터 어떠한 지원도 받지 못하고 계약에 따른 수수료만 갖고 생활하기 때문에 무리한 계약이 뒤따르게 된다. 이들이 회사를 떠난 후에 계약 시에 이루어졌던 많은 내용들을 보장받지 못하는 경우도 있다.

3. 모델숍, 안테나 매장: 체인본사가 아이템을 가지고 체인사업을 전개하기 전에 1년 이상 직영점을 통하여 충분한 노하우를 축적하고 문제점을 보완해야 한다. 그러나 일부 체인본사에서는 사람들에게 보여주기 위한 모델 숍을 차려놓고 집중적으로 이 점포를 홍보해 장사가 잘 되게 한 다음, 이 점포를 모델로 체인점을 모집하는 경우가 있다. 심지어 다른 사람의 점포를 직영점인양 위장해 체인점을 모집하는 경우도 있다.

5 음식점에 유리한 창업방법은?
독립점포 창업, 체인점 창업, 회원점 창업

창업방법 결정

흔히 음식점을 창업하려면 나홀로 창업 형태의 독립점포 창업이나 체인점 가맹 창업을 한다. 하지만 음식점 초보 창업자로서 맛내는 법도 잘 모르고 음식점 경영 노하우도 없기 때문에 혼자 창업하려면 시행착오도 겪고 자칫 실패하기 십상이다. 그렇다고 체인점에 가맹하면 가맹비, 로열티, 인테리어 등 초기 투자자본이 많이 들고 체인본사를 잘못 선정하여 투자 자본을 통째로 날릴 수도 있다.

최근 이 두 가지의 장점만을 살린 공동브랜드(회원점 창업) 형태의 창업이 음식점 창업에 있어서 주목을 받고 있다. 즉 외형은 체인점처럼 공동 브랜드를 사용하나 운영은 맛비법을 배우고 창업컨설팅을 통해 독자적으로 하는 음식점 창업형태이다. 각 창업방법의 장단점을 살펴보면 다음과 같다.

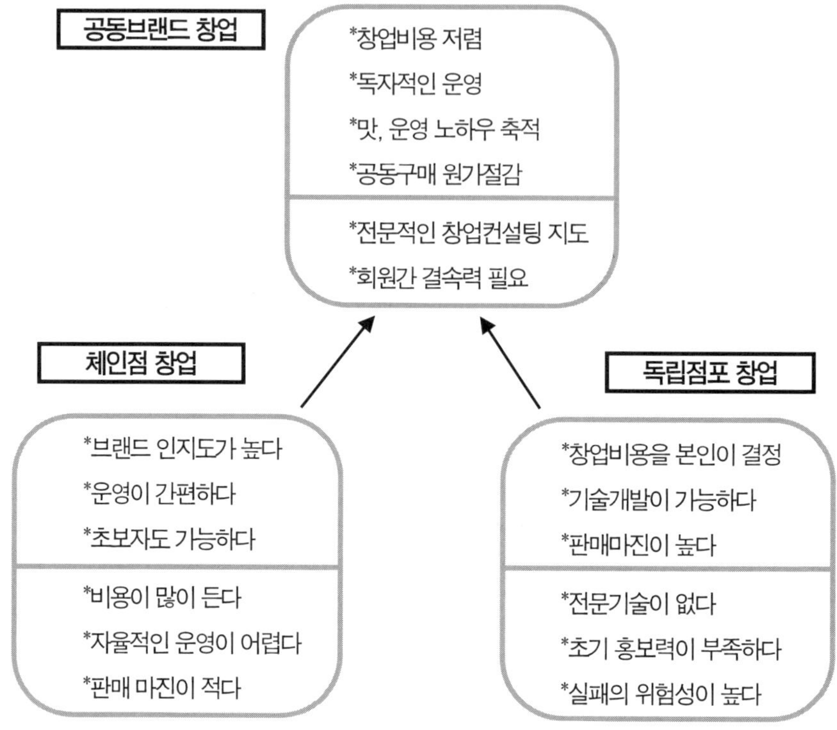

창업형태별 장단점 비교

■ ■ ■ ■ 독립점포 창업(나홀로 창업)

독립점포로 창업하는 방법은 창업자 자신이 모든 것을 스스로 결정하여 창업하는 방법이다. 음식점의 대부분이 이 유형으로 창업을 한다. 본인이 충분한 노하우와 경험이 있다면 음식점 창업에 있어서는 가장 바람직한 방법이기도 한다.

독립점포 창업은 본인의 독자적인 기술개발이 가능하고 모든 것을 스스로 결정하는 자율적인 운영이 가능하다. 또한 창업비용도 본인의 여건에 맞추어 스스로 결정할 수 있는 이점이 있다. 그리고 본인이 요리기술을 익혀 원재료를 직접 구매하기 때문에 판매 마진이 많은 것도 특징이다.

그러나 본인이 해당 음식분야나 운영에 특별한 노하우가 없는 경우에는 실패의 위험성이 높다. 그리고 초보 창업자의 경우에는 음식맛을 내는 노하우를 어디에서 쉽게 배울 수 있는 것도 아니고, 개업초기에 점포를 적절히 홍보하고 운영하는 것도 만만치가 않다. 그렇다고 노하우가 없는 업종을 선택해서 창업을 하면 성공하기가 어렵고 설령 잠시 돈을 벌 수 있다 할지라도 좀 된다 싶으면 주변에 경쟁업소가 늘어나서 수익이 줄어들고 낭패를 보기 십상이다.

■ ■ ■ ■　체인점 창업

경험이 없는 초보 창업자들이 일반적으로 가장 많이 선호하는 음식점 창업방법이 체인점에 가맹하는 방법이다. 체인점 창업은 어떤 특정한 분야에 전문지식이 부족해도 본인의 창업의지가 충분하고 프랜차이즈 본사에서 요구하는 일정 금액 이상의 자본만 준비되면 체인본사에서 일정부분을 대행해서 창업을 돕기 때문에 여러 가지 면에서 수월하다. 또한 본사가 가지고 있는 축적된 브랜드 이미지를 활용하거나 창업 후에도 본사에서 여러 가지 도움을 주기 때문에 초보 창업자에게 이로운 점이 많다. 그리고 독립점포 창업보다 성공률이 어느 정도 높게 나타난다는 통계가 있는 것만 보아도 초보 창업자들에게는 접근하기 쉬운 방법이 아닌가 한다.

여러 가지 이점이 있는 반면에 초보 창업자가 극복하기 어려운 함정이 많은 것도 주의해야 할 부분이다.

첫번째 지적되는 문제가 독립점포 창업이나 공동브랜드 창업보다 비용이 많이 든다는 것이다. 체인본사에 지불하는 가맹비나 로열티 등이 부가되며 일부 체인본사에서는 일괄적으로 여러 가지 조건을 내세워 인테리어시설비, 집기비품 등 과도한 금액을 요구하는 경우가 많다. 이러한 조건들을 창업자 개인이 거대한 체인본사에 맞서 대등한 계약을 체결하기가 어려운 것이 현실이다. 또한 음식점 창업의 경우에는 음식의 맛을 내는 중요한 소스나 조리법을 알려주지 않고 본사에서 공급받으므로 마진이 적고 체인본사에 항상 끌려다닐 수가 있다.

이러한 점 외에도 점포의 자율적인 운영이 사실상 제한된다거나 체인본사가 도산할 경우 본인의 노력 여하에 관계없이 동반으로 도산하는 점 등은 체인점에 가맹하기 전에 신중하게 고려해야 할 사항이다. 또한 일시적인 창업붐을 타고 급조된 함량미달의 체인본사와 아이템을 선별하는 것도 체인점에 가맹하기 전에 살펴보아야 할 점이다.

■ ■ ■ ■ 공동브랜드 창업(회원점 창업)

요즘 중소규모의 음식점 창업에서 새롭게 주목을 받는 방법이 공동브랜드 창업이다. 공동브랜드 창업은 위에서 살펴본 독립점포 창업과 체인점 창업의 장점만을 살린 창업 형태로, 회원점들 간에 일정한 부분을 공유하면서 서로 독자적으로 운영하는 방법이다. 일반적으로 중소규모의 전문점이나 음식점 창업에 있어서는 공동브랜드 창업이 유리한 점이 많다. 특히 음식점을 창업하기 위해서는 자신과 자금규모에 맞는 유망한 업종을 선택하는 것에서부터 음식맛을 내고 운영을 하는 여러 가지 전문적인 지식이 필요한데, 이를 전문가로부터 도움을 받아 창업하고 지속적으로 경영지도를 받기 때문에 성공적으로 점포를 운영할 수 있다.

이러한 공동브랜드 창업은 창업비용을 자신의 자금규모에 맞추어 창업할 수 있으며 맛이나 운영에 대한 노하우를 축적할 수 있어 독자적인 운영이 가능하다. 또한 전문 컨설팅 회사로부터 도움을 받을 수 있기 때문에 혼자서 창업하였을 경우 겪게 되는 브랜드, 홍보 등의 여러 가지 어려움을 겪지 않아도 된다. 그리고 본인이 직접 조리비법을 익혀 주방을 돌보거나 관리함으로써 매월 주방장의 고급 인건비를 절약할 수 있으며 주방조리실장을 고용하더라도 조리실장에 휘둘리지 않고 내 점포만의 맛을 관리할 수가 있다. 그리고 전문가의 도움을 받아 본인 점포의 입지에 맞는 메뉴선정이나 가격대 등을 정확하게 책정하므로 경쟁업소보다 여러 가지 면에서 경쟁력이 있으며, 주요 원자재를 회원점들끼리 공동으로 구매하여 식자재 원가를 낮출 수 있다.

그러나 이러한 장점 외에 회원점들 서로 간에 결속력이 부족한 점은 앞으로 개선해야 할 문제점이다.

■ ■ ■ ■ 공동브랜드 창업 도우미 시스템
*자금규모, 경험, 업종분석에 의한 유망업종 선정
*자금규모, 창업희망지역에 따른 입지추천 및 결정
*전문업종에 따른 맛비법 전수 및 숙달
*입지에 따른 세부메뉴 결정, 가격결정 등 영업전략 수립
*공동브랜드의 기획, 판촉, 지역독점 영업지역 지정
*메뉴에 따른 세부 주방설계, 집기비품의 선정 및 구매 대행
*메뉴에 따른 인테리어 컨셉확정 및 시공 대행
*전문점 현장 체험 근무(공동브랜드 회원점)
*창업현장 맛점검 및 현장 맛지도
*계약직 전문 주방인력 한시적 파견 및 현장운영 숙달 지도
*판촉물의 기획, 오픈 이벤트, 광고홍보물의 기획 및 제작
*개업 후 문제점 보완 및 지속적인 메뉴개선, 영업지도

공동브랜드(회원점) 창업절차

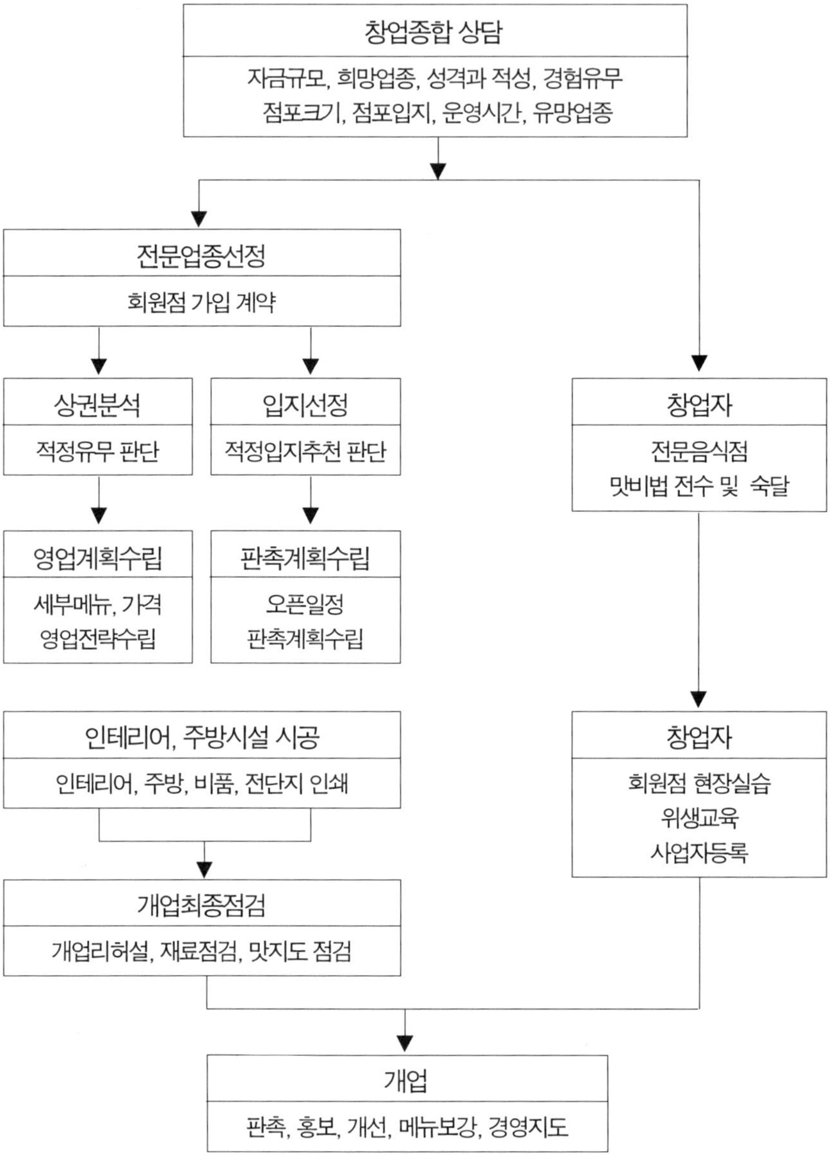

창업종합 상담

자금규모, 희망업종, 성격과 적성, 경험유무
점포크기, 점포입지, 운영시간, 유망업종

전문업종선정

회원점 가입 계약

상권분석

적정유무 판단

입지선정

적정입지추천 판단

창업자

전문음식점
맛비법 전수 및 숙달

영업계획수립

세부메뉴, 가격
영업전략수립

판촉계획수립

오픈일정
판촉계획수립

인테리어, 주방시설 시공

인테리어, 주방, 비품, 전단지 인쇄

창업자

회원점 현장실습
위생교육
사업자등록

개업최종점검

개업리허설, 재료점검, 맛지도 점검

개업

판촉, 홍보, 개선, 메뉴보강, 경영지도

음식점 창업, 공동브랜드(회원점) 창업이 유리하다

음식점은 그 특성상 공동브랜드로 창업을 하는 것이 여러 가지로 유리하다.

첫째, 음식맛의 핵심인 신선한 재료를 직접 구매하여 그날그날 조리하므로 원가를 낮출 수 있을 뿐만 아니라 음식이 맛이 있다.

둘째, 상권·입지에 따라 메뉴와 가격을 탄력적으로 적용하므로 일률적인 체인점의 메뉴와 가격보다 경쟁력이 앞설 수 있다.

셋째, 초기 창업비용을 본인의 여건에 맞출 수 있어 비용이 절감된다.

넷째, 회원점들끼리 원재료 공동구매를 통해 원가를 낮추고 마진을 높일 수 있다.

다섯째, 음식점 창업전문가의 도움으로 초보 창업자도 나홀로 창업하는 시행착오를 줄일 수 있고 회원점끼리 정보를 교환, 음식점 경영에 실패하지 않을 수 있다.

여섯째, 세련된 이미지의 공동브랜드를 여럿의 회원점이 사용하므로 개별점포 브랜드보다는 브랜드 파워를 확보할 수 있어서 고객의 인지도와 신뢰를 높일 수 있다.

회원점 창업사례

일본식 돈까스 · 우동 전문점 "돈&까"

■ ■ ■   '주방장 사장님' 돼야 돈 벌어요

새벽 5시 30분. 일식 돈까스 전문점 '돈&까' 이영섭 사장은 가락동 농수산물 시장으로 향한다. 신선한 재료와 원재료를 직접 구매해서 음식맛도 높이고 원가도 낮춘다는 생각이다.

미국 텐트시장의 65%이상 점유하던 회사 (주)진웅의 무역부 차장으로 근무하던 이사장이 식당을 창업한 것은 99년 11월이다. 99년 4월 해외근무 발령이 떨어졌지만 홀어머니를 두고 떠날 수 없었기 때문이다.

성격이 명랑하고 사람과 어울리는 것을 좋아해 음식점을 운영하면 잘 할 수 있다는 생각에 시작했지만 초보 창업자로서 처음에는 막막하기만 했다 한다. 이사장은 상권 분석을 통해 삼성동에서 직장인들을 상대로 한 일본식 돈까스 전문점을 내겠다고 결정, 주방장 없이 해보겠다는 생각에 맛깔 컨설팅을 다니며 맛을 익혔다. 맛내는 비법을 직접 습득하고 철저하게 맛을 관리해 언제나 같은 맛을 유지하자는 생각이었다. 이사장은 이것이 성공비결이라고 말한다. 직접 주방일을 해 늘 같은 맛을 유지할 수 있었고, 주방 인건비도 낮춰 일석이조의 효과를 본 것이다.

'돈&까'는 20평 매장에서 한 달 평균 2,000만원 가까운 매출을 올리고 있다. 반복적인 친절교육과 음식맛 연구, 새로운 판매전략을 통해 주변회사에 식권발행, 단체예약 등도 활성화시킬 예정이라 한다.

창업비용 내역

점포임차비용.............................3,300만원

인테리어비용.............................1,550만원

주방설비, 집기 등.........................700만원

교육,컨설팅 비용..........................350만원

초기 홍보비 등........................... 150만원

____

합계　　　　　　　　　　　　6,050만원

창업비용 비교

실제로 독립점포 창업과 체인점 창업, 그리고 공동브랜드로 창업을 하였을 경우 각각의 창업비용을 비교하면 다음과 같다.

일본식 돈까스 전문점으로 실평수 10평, 완전 신규 시설을 기준으로 하였다 (점포임대료 제외).

체인점 C 사

가맹비(소멸)	300만원
인테리어, 간판	2,000만원
주방기계, 집기비품	1,000만원
홍보 및 판촉물	360만원
합계	3,660만원

독립점포 종로4가 J돈까스 전문점

인테리어	1,200만원
의자, 테이블	120만원
간판	190만원
주방기기	380만원
집기비품	250만원
홍보판촉물	180만원
교육수강료	200만원
합계	2,520만원

공동브랜드(회원점)창업

맛비법 전수 및 창업컨설팅.............500만원

인테리어...................................1,100만원

간판...180만원

주방시설...................................400만원

집기비품...................................230만원

판촉홍보...................................120만원

합계   2,530만원

■ ■ ■ 일본식 돈까스 전문점

■ ■ ■ 칼국수 전문점

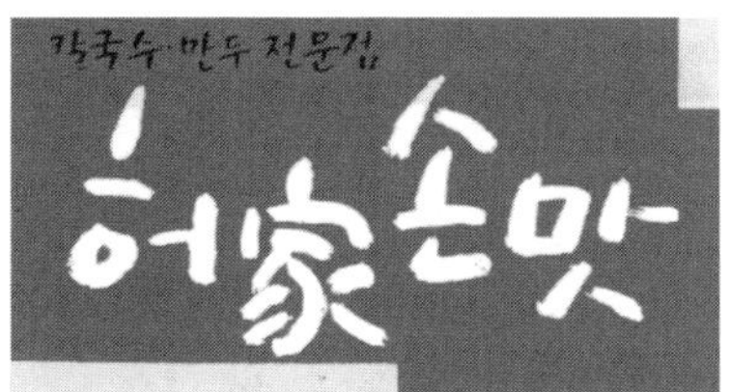

■ ■ ■ 생고기 전문점

■ ■ ■ 일본식 도시락 전문점

■ ■ ■ 버섯 전문점

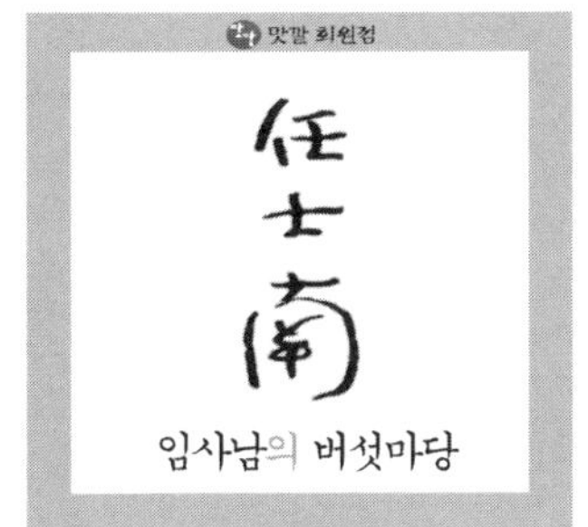

■ ■ ■ 보쌈, 족발 전문점

- **보글보글 즉석요리 전문점**

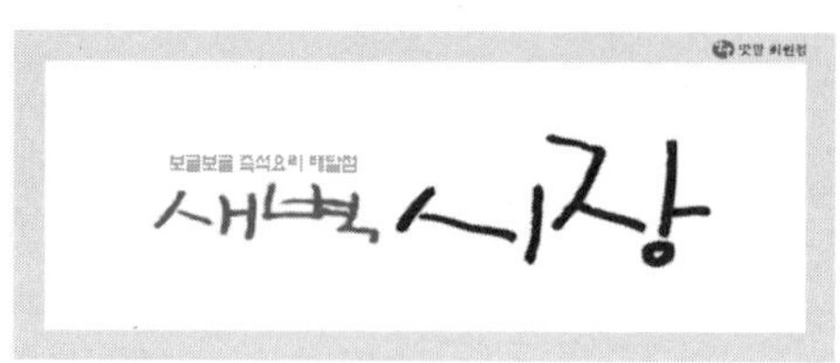

- **분식점**

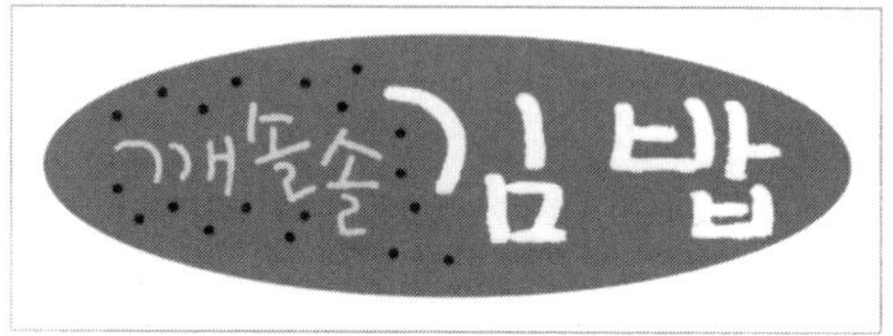

- **스파게티 전문점**

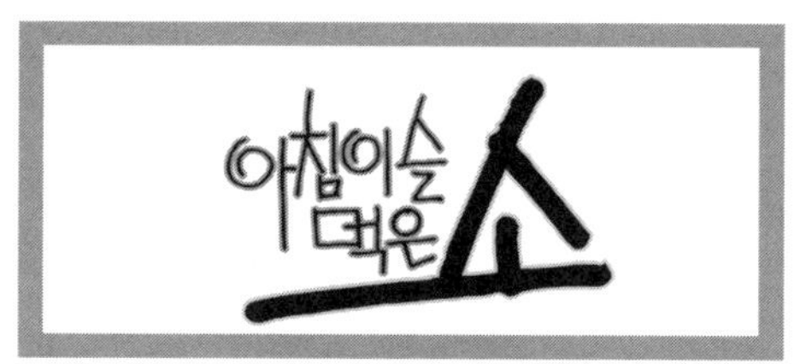

- **갈비 전문점**

■ ■ ■　냉면 전문점

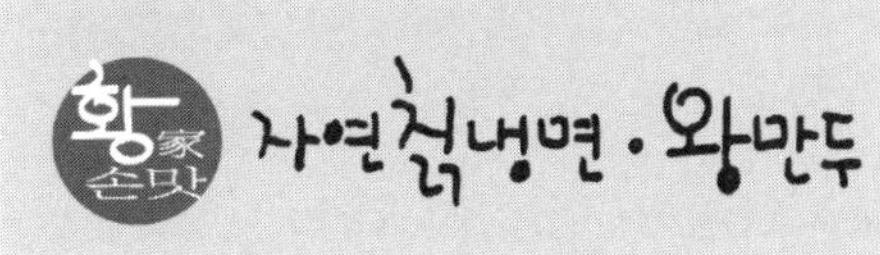

■ ■ ■　돼지고기 전문점

■ ■ ■　우동 전문점

■ ■ ■　오리 전문점

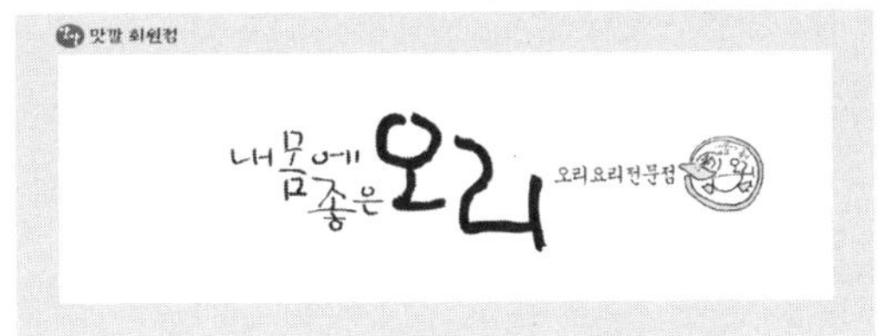

운영은 **따로** 상호는 **같이** 회원 공동브랜드 창업 뜬다

체인점과 독립점포의 중간형태인 '회원형 공동브랜드' 창업이 새로운 창업형태로 부상하고 있다. 공동브랜드 창업이란 같은 업종을 선택한 창업자끼리 공동 상호를 쓰면서 영업 노하우는 교환하되, 가게 운영은 철저히 개별 점포에 맡겨두는 사업형태를 말한다. 체인점 가입에 필요한 가맹비나 로열티가 필요없기 때문에 창업비용이 저렴한 것도 큰 장점이다. 한국창업지원센터(컨설팅기업) 고종옥 소장은 "구멍가게라도 공동브랜드를 쓸 경우, 소비자들에게 신뢰감을 줄 수 있다"며 "신규 창업자뿐 아니라, 기존 자영업자들도 공동브랜드를 추진하면 한껏 효과적일 것"이라고 말한다.

공동브랜드현황=공동브랜드가 효과적인 대표적인 사업으로는 '먹는 장사'를 들 수 있다. 같은 상호를 쓴다는 이점을 살리면서도, 본사 간섭없이 지역과 유행에 따라 재빠르게 맛과 메뉴를 바꿀 수 있기 때문이다.

맛깔컨설팅(02-766-1230)은 창업요리교육을 실시한 후, 교육 이수자가 식당을 창업할 때 공동브랜드를 쓰도록 도와주고 있다. 갈비는 '참숯 불고기', 냉면은 '얼음골 냉면', 스파게티는 '로쏘쁘모' 하는 식이다. 창업회원들은 정기적으로 모여 맛정보와 영업노하우를 공유한다.

- 중략 -

주의할 점=회원형 공동브랜드 사업은 독립점포처럼 수익은 높지만, 위험부담이 높은 것도 사실이다. 회원들간의 결속력이 떨어질 경우, 공동 상호운영이 잘 안될 수도 있다. 매장 운영이나 부자재를 직접 책임져야 하는 만큼, 음식업의 경우 주변에서 재료 구입이 쉬워야 한다.

- 중략 -

따라서 회원형 공동브랜드 창업자는 현장 경험이 많은 기존 창업자의 점포를 직접 방문해 꼼꼼히 상담하는 것이 좋다.

	독립점포	체인형 공동브랜드	회원형 공동브랜드
장점	-창업비용을 자신의 능력에 맞출 수 있다. -초기 창업비를 줄일 수 있다. -업종을 변경할 수 있다.	-본사의 지원아래 쉽게 창업할 수 있다. -본사의 홍보력과 브랜드 이미지를 활용, 쉽게 정착할 수 있다. -물품이나 재료조달을 신경쓸 필요가 없다.	-기존 회원의 도움을 받을 수 있다. -체인점에 비해 창업비용이 적게 든다. -어느 정도 브랜드이미지 효과가 있다. -체인형보다 수익률이 높다.
단점	-사업경험이 없으면 실패하기 쉽다.	-본사 선택을 잘해야 한다. -영업수익률이 떨어진다. -본사의 신제품개발에 의존하게 된다.	-독립점포에 해당하는 사업노하우가 필요하다. -회원상호간의 결속력이 높아야 한다.

"노하우가 없으면 성공도 없다"

식당창업 성공시대 ②

실크삼겹살전문 푸른목장 진경숙 사장

"노하우가 없는 업종은 창업하지 않는 것이 좋습니다. 반드시 나만이 할 수 있는 차별화된 맛을 가지고 시작하는 것이 성공의 지름길입니다"

영등포구청 건너편 먹자골목에 "푸른목장"이라는 실크삼겹살 전문점이 있다. 독특한 생고기집을 운영하는 진경숙 사장의 조언은 뼈아픈 경험을 바탕으로 한다. 진사장은 98년 직장을 그만두고 경험도 없이 식당을 창업했다. 경험이 없다 보니 체인점을 선택했고 인테리어비용만 7천만원이나 들었다. "처음엔 장사가 그런대로 됐으나 매달 3-4천만원씩 인건비가 지출돼 6개월정도 지나니 적자가 누적되기만 했습니다" 진사장은 결국 4천만원정도 손해를 보고 장사를 그만둬야 했다. "재창업을 결심하고 실패이유를 분석해 보니 무엇보다 특별한 기술이나 노하우가 없이 했다는 것이었습니다. 남들이 잘되니까 나도 잘되겠지 라는 안일한 생각으론 안된다는 값진 교훈을 얻었습니다"

진사장은 그 후로 특별한 맛을 찾기 위해 노력했다. 사람들이 즐겨찾는 대중적인 메뉴이면서도 다른 식당에서 쉽게 따라할 수 없는 맛의 비법을 찾자는 것이었다. 그때 진사장의 눈을 번쩍 뜨이게 하는 메뉴가 있었다. 바로 실크삼겹살. 삼겹살을 과일과 야채로 숙성시켜 돼지고기 냄새를 없애고 부드럽게 처리하여 감칠맛이 났다. 또한 소금이나 쌈장을 찍어먹는 것이 아니라 야채 10여가지로 만든 독특한 소스에 푹 담가먹는 새로운 요리였다. 진사장 부부는 맛의 비법을 전수받기 위해 노력했고 자신이 웬만큼 서자 다시 창업했다. "처음에는 불안한 마음이 앞섰습니다. 하지만 실크삼겹살과 독특한 소스에 대한 손님들의 반응은 대단했습니다" 진사장은 맛에 대한 자신감과 지금의 성공을 바탕으로 대형매장을 목표로 새로운 맛에 대한 연구를 게을리하지 않는다. 또한 설 이후로는 "오늘의 점심식단"을 개발해 직장인들을 사로잡을 생각이다.

맛깔 컨설팅 김철호 사장의 성공요인 분석

실평수 15평(40석) 매장에서 하루 60만원 정도의 매출을 올리는 수준이라면 상당히 성공한 점포다. 성공요인은 다음과 같다.

입지조건은 먹자골목이 형성돼 있어 철저하게 여기에 맞게 메뉴와 영업전략을 수립했다. 먹자골목으로 유입되는 사람이 많기 때문에 실크삼겹살을 맛본 사람은 그 맛을 잊지 못한다. 하지만 가장 성공한 요인이라면 차별화된 고기맛과 소스라고 할 수 있다. 삼겹살을 숙성시킨 후 은박지에 월계수잎과 함께 넣고 1인분씩 둘둘 말아 서빙하는 독특한 방식도 적절히 들어맞았다. 후식으로 칼국수와 메밀소바를 제공한 것도 특이하다.

왕초보 창업자도 전문가가 되는
음식장사 마케팅

1 입지선정의 일반요령
목이 좋으면 절반은 성공!

장소가 안 좋아도 맛만 있으면 된다?

우리는 흔히 허름한 곳에서 안쪽으로 깊숙히 들어간 구석진 장소인데도 불구하고 성업중인 음식점들을 간혹 본다. 성북동 손국시집, 서대문의 가마솥 설렁탕집, 삼청동의 수제비집, 인사동의 한정식집 등이 그 예이다. 간판 하나 눈에 띄게 걸어놓지 않았는데도 어떻게 알아서 구석까지 찾아오는지 그저 신기할 따름이다. 이러한 음식점들은 소문이 꼬리에 꼬리를 물어 손님이 늘어나게 된 것이다. 그러고 보면 음식점의 장소는 별로 중요치 않다고 생각할 수도 있으나 이는 큰 오산이다. 이들이 성공할 수 있었던 요인은 독특한 손맛과 정성으로 맛을 내고 이 맛이 대물림되어 자리잡혀진 곳들이기 때문이다. 이렇게 자리잡는 데까지는 몇 년이 걸릴 수도 있다. 음식장사에 있어서 좋은 장소를 무시해도 되는 사례로 확대 해석해서는 위험천만한 일이다.

새롭게 창업하려는 창업자 입장에서는 여유자금이 충분치 못한 경우가 많으므로 창업 직후 3개월~6개월 사이에 자리잡을 수 있는 장소를 찾는 것이 중요하다. 입지선정을 할 때는 먼저 창업하고자 하는 음식아이템에 맞는 상권 선택이 우선이다. 그런 다음 해당 상권의 상권분석과 입지파악, 최종계약 여부 판단, 그리고 계약 전 권리관계의 확인 순으로 하면 된다.

음식점 장소 선정 절차

상권에 따라 그에 맞는 음식 업종이 따로 있다. 음식점에 있어서 좋은 장소란 많은 잠재고객수가 있는 입지를 말한다. 내가 하고자 하는 음식아이템은 어떤 상권에서 해야 할지 판단이 잘 서지 않을 수도 있다. 특히 음식점의 장소를 선택할 때는 일반 상권분석이나 입지에 관한 자료보다는 해당 음식점에 맞는 수요층이 있는 상권인지의 판단이 우선되어야 한다.

상권 내 음식점이 30% 이상 넘을 때는 먹자골목 성격이 강한 상권이고 세탁소, 미용실, 치킨집, 부동산 등의 업종이 많으면 전형적 주택가·아파트 상권이라고 보면 된다. 이런 식으로 해당 상권이 어떤 성격의 상권인지를 먼저 살펴 하고자 하는 음식점이 그 상권에 맞는지를 판단해야 한다. 점심식사의 매출이 큰 우동집 같은 음식점은 점심 수요층이 낮은 주택가 상권이나 저녁장사 위주의 먹자골목 상권에 창업하면 큰 낭패를 본다. 상권별로 장사가 잘 될 음식 업종을 한번 살펴보자.

■ ■ ■ ■　아파트, 주택가 상권

상가 뒤쪽에 주택가나 아파트가 밀집되어 있는 상권에는 부동산, 세탁소, 빵집, 학원, 미용실 등 생활 밀착형 서비스업종이 있는 것이 특징이다. 이런 주택가 · 아파트 상권은 점심 수요층이 모두 출근하거나 학교에 가기 때문에 점심매출이 낮을 수밖에 없다. 따라서 퇴근길의 고객을 잡아야 한다. 그러므로 술과 함께 할 수 있는 저렴한 고기집, 배달관련 업종, 주말에 가족과 함께 와서 먹을 수 있는 업종이 잘 된다.

적절한 음식업종 : 치킨, 피자, 돈까스, 족발, 보쌈, 중국집 등의 배달 관련 업종, 해물요리 배달점, 반찬가게, 제과점, 돼지고기집, 닭갈비집, 갈비집, 칼국수집, 생고기집 등

■ ■ ■ ■　사무실 밀집 상권

직장인이 많은 상권에는 점심과 저녁 모두 수요가 많으므로 음식점 하기에는 좋다. 큰 빌딩 안에 있는 식당이라면 주로 점심 위주의 아이템이 좋고 빌딩과 빌딩 사이의 뒷골목은 점심은 물론 술과 함께 먹을 수 있는 저녁식사 음식 업종도 좋다.

적절한 음식업종 : 돈까스, 우동, 초밥, 설렁탕, 한식집, 분식집, 도시락집, 해물탕, 쌈밥집, 솥밥집, 갈비집, 횟집, 오리집, 해장국집, 부대찌개, 치킨호프집, 황태요리, 꼬치구이집, 죽 전문점 등

■ ■ ■ ■　전철 역세권 상권

전철 역세권 등 유동인구가 많은 곳은 패스트푸드 업종이나 칼국수, 돈까스 등 회전율이 빠른 음식 업종이 적당하다.

적절한 음식업종: 햄버거, 아이스크림, 김밥, 돈까스, 카페, 국밥집, 칼국수집, 분식집 등

■ ■ ■ ■ 먹자촌 상권

도심 곳곳에는 음식점만 밀집된 곳이 있다. 영등포구청 건너편의 먹자촌이나 송파구청 건너편의 먹자촌, 인천 송도 비치호텔 주변의 먹자촌이 전형적 사례다. 일반적인 상권의 음식점 구성비가 평균 25%~30%를 차지하는 반면, 먹자촌 상권은 50%~70% 이상을 차지한다. 이러한 먹자촌 상권은 이면도로를 중심으로 발달하며, 규모가 큰 상권의 경우 단란주점, 술집, 여관, 나이트클럽 등의 유흥시설과 함께 발달한다.

먹자촌 상권은 주로 저녁장사에 맞는 음식점이 잘된다. 왜냐하면 저녁에는 외부에서 유입되는 인구가 바글바글하나 점심에는 썰렁하다. 특히 배후지에 사무실이나 큰 빌딩 등의 시설이 없으면 점심 때는 외부에서의 유입인구가 없기 때문에 점심식사 중심의 음식점은 낭패보기 일쑤이다. 초보자들이 보기에는 음식점이 많이 몰려 있어서 점심 위주의 칼국수집이나 우동집, 돈까스집 등을 하면 괜찮겠지 하고 생각하는 실수를 범하기 쉽다.

적절한 음식업종 : 해물탕, 보쌈, 족발, 생고기 전문점, 횟집, 아구탕, 낙지, 갈비집, 감자탕, 닭갈비집, 철판 볶음밥, 장어 전문점, 오리집, 꼬치구이집, 곱창집, 참치횟집 등

■ ■ ■ ■ 신세대 대학가 상권

대학가 신세대 상권은 대학생은 물론이고 저녁에는 젊은 직장인까지 유입되는 상권이다. 점심식사는 상대적으로 저렴한 단가의 분식집 같은 음식점이 좋고, 저녁에는 신세대풍의 주점부터 레스토랑, 저렴한 고기집 등이 좋다.

적절한 음식업종 : 패스트푸드, 분식집, 김밥집, 주먹밥집, 생삼겹집, 생고기집, 호프집, 닭갈비집, 순대 볶음집, 스파게티, 돈까스, 소주방 등 신세대 주점, 레스토랑, 커피 전문점, 라면 전문점, 도너츠 · 빵전문점 등

적절한 음식업종 : 오리집, 토종닭, 보신탕, 추어탕 등 30~50대층에 맞는 보신용
음식, 연인 대상의 레스토랑, 고급카페, 민물고기 매운탕, 가든
형식의 갈비집, 한정식집, 산채정식 등

상권분석 방법

상권은 그 점포에 자주 오는 고객들이 분포되어 있는 지역 범위를 일컫는다.
주로 방문고객의 70%를 차지하는 고객범위를 1차 상권으로 보고, 약 20%
에 해당되는 고객범위를 2차 상권, 그 외의 고객범위를 3차 상권으로 본다.
거리 개념으로 따지자면 1차 상권은 반경 500m~1km 정도, 2차 상권은 반
경 3km 이내, 3차 상권은 6km 이내의 범위를 가리키기도 하나 교통의 발달과
자가용 때문에 상권 범위는 거리 개념만으로 한정짓기가 어렵다.
상권은 그림의 원처럼 범위 개념이므로 아파트 단지, 사무실, 쇼핑센터 등 배
후 인구수와 상권 내 업종 구성을 통해 본 경쟁상황이 중요하고, 입지는 점포
가 위치한 한 개의 점으로서 점포의 가시성, 접근성, 통행의 흐름, 점포의 모
양새 등이 중요한 요소가 된다.

■ ■ ■ 우선 상권지도를 직접 그려보자

먼저 해당상권의 상권지도를 직접 그려보자. 이 상권지도는 단지 위치 개념
만이 아니라 해당 점포가 속한 같은 상권 내의 업종 구성과 도로 교통시설,
아파트나 빌딩, 대형 쇼핑센터 등이 나타나도록 그려야 한다.

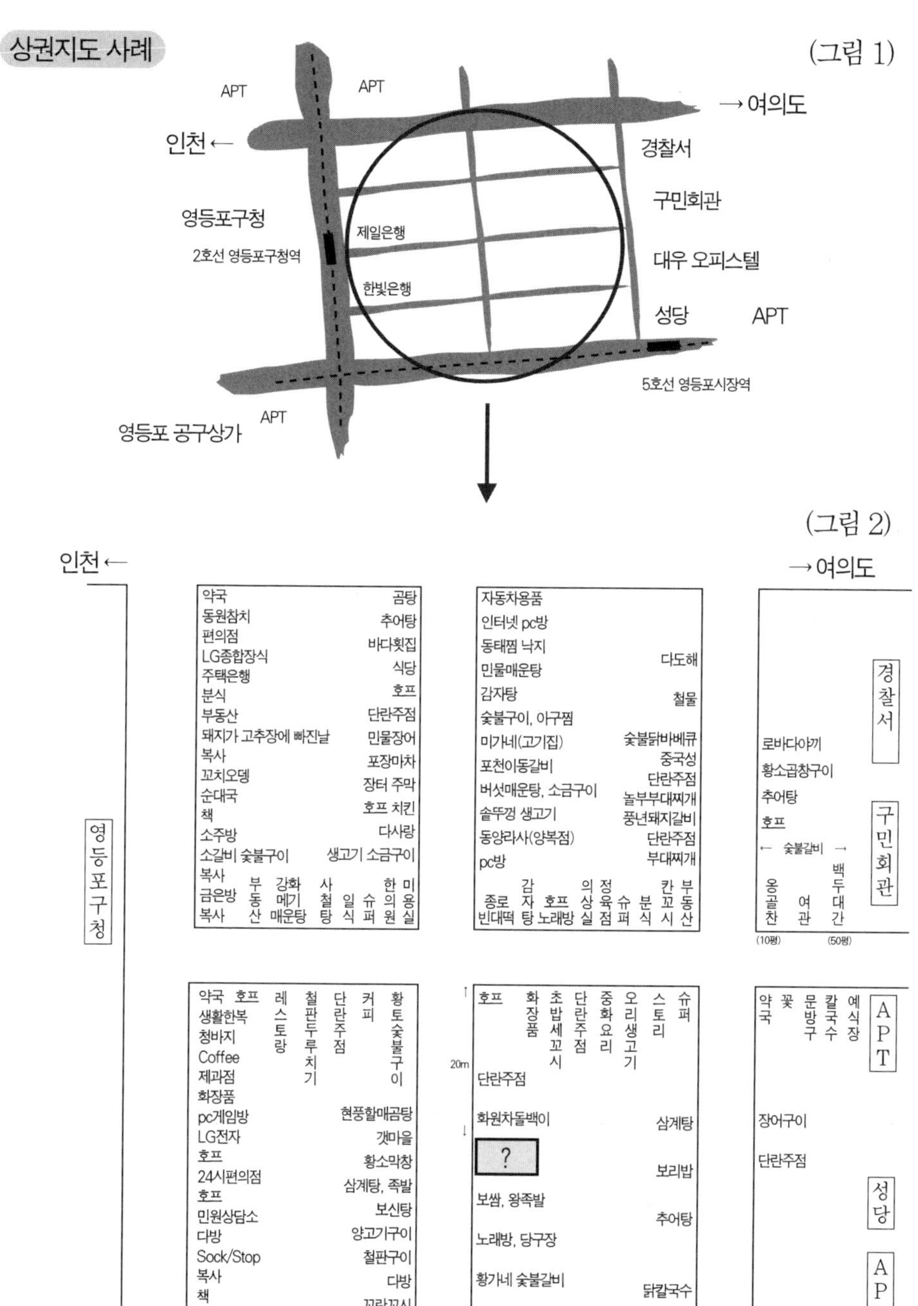
(그림 1)
APT
APT
→ 여의도
인천 ←
경찰서
영등포구청
구민회관
제일은행
2호선 영등포구청역
대우 오피스텔
한빛은행
성당
APT
5호선 영등포시장역
영등포 공구상가
APT

(그림 2)
인천 ←
→ 여의도

영등포구청

약국
동원참치
편의점
LG종합장식
주택은행
분식
부동산
돼지가 고추장에 빠진날
복사
꼬치오뎅
순대국
책
소주방
소갈비 숯불구이
곰탕
추어탕
바다횟집
식당
호프
단란주점
민물장어
포장마차
장터 주막
호프 치킨
다사랑
생고기 소금구이
복사 부 강화 사 한 미
금은방 부동 메기 철 일 슈 의용
복사 산 매운탕 탕 식 퍼 원 실

자동차용품
인터넷 pc방
동태찜 낙지
민물매운탕
감자탕
숯불구이, 아구찜
미가네(고기집)
포천이동갈비
버섯매운탕, 소금구이
솥뚜껑 생고기
동양라사(양복점)
pc방
다도해
철물
숯불닭바베큐
중국성
단란주점
놀부부대찌개
풍년돼지갈비
단란주점
부대찌개
감 의 정 칸 부
자 호프 상 육슈 분 꼬
종로 노래방 실 점 퍼 식 시
빈대떡 탕 노래방 실 점 퍼 식 산

경찰서

로바다야끼
황소곱창구이
추어탕
호프
← 숯불갈비 →
옹 여 백두대간
골 관
찬 관
(10평) (50평)

구민회관

약국 호프
생활한복
청바지
Coffee
제과점
화장품
pc게임방
LG전자
호프
24시편의점
호프
민원상담소
다방
Sock/Stop
복사
책
안경원
제일은행365
레스토랑
철판두루치기
단란주점
커피
황토숯불구이
현풍할매곰탕
갯마을
황소막창
삼계탕, 족발
보신탕
양고기구이
철판구이
다방
꼬랑꼬시

호프
화장품
초밥세꼬시
단란주점
중화요리
오리생고기
스토리
슈퍼
단란주점
20m
화원차돌백이
?
보쌈, 왕족발
노래방, 당구장
황가네 숯불갈비
대복집
삼계탕
보리밥
추어탕
닭칼국수

약국
꽃
문방구
칼국수
예식장
APT
장어구이
단란주점
성당
APT

위와 같은 상권지도를 직접 그려보면 전체를 한눈에 파악할 수 있어 좋다. 〈그림 1〉은 영등포구청 앞의 뒷골목으로 영등포구청, 아파트, 구민회관, 경찰서 등의 시설과 큰 도로, 지하철역 등이 나타나 있다. 〈그림 2〉는 원하는 음식점 자리 주변의 점포들을 자세하게 기록한 것으로 전체 상권의 업종 구성을 자세히 알 수 있다. 전체 업종 구성 중 음식점 구성비는 74%로 전형적인 먹자골목이다. 이 상권은 저녁매출이 큰 비중을 차지하므로 술과 고기를 취급하는 음식점이 적합하다. 물론 고기집이 잘 되는 상권이기는 하나 지나치게 고기집이 많아 경쟁 또한 치열하다. 따라서 여기에 적합한 음식점은 저렴하게 대중적으로 즐길 수 있는 생고기 전문점이면서 기존에 있던 생고기 전문점과 차별화시켜서 창업하는 것이 포인트다. 기존 생고기집과는 다른 소스를 활용한다든지 독특한 차별점을 내세워서 창업해야 한다. 그러나 생고기집을 한다고 가정했을 때 이와 유사한 경쟁 점포의 매출액을 파악해 본 후 흑자 가능성이 없다는 판단이 서면 틈새 업종을 창업하는 것도 한 방법이다. 고기와 다른 틈새 아이템으로는 술과 함께 저녁까지 먹을 수 있는 음식인 해물찜, 해물탕집 등이 있다.

■ ■ ■ ■　잠재고객수를 파악하라

상권지도를 통해 나타난 아파트나 빌딩 사무실 등의 거주인구나 상주 인구를 조사해야 한다. 인구파악은 동사무소나 구청에 가면 확인 가능하고 요즘은 구청 등 지자체의 인터넷 홈페이지를 통해서도 바로 확인 가능하다. 동네 상권의 경우는 부동산에 물어보면 주변의 아파트 세대수가 몇 세대인지를 알 수 있다. 또한 도서관 등에 비치된 지역별 상권분석 책자를 참고해도 된다. 이렇게 상권 내의 고객인구를 조사해서 내가 하고자 하는 음식업종의 고객층이 충분한지를 파악해야 한다.

■ ■ ■ ■ **대형 평수의 아파트보다는 중소형 아파트를 끼고 있는 것이 좋다**

대형평수의 아파트 주민들은 소득수준이 높고 생활이 안정된 층이 많다. 이들의 소비형태는 대부분 차를 타고 멀리 나가서 쇼핑을 하고 음식도 단골 위주의 고급 음식점을 택해서 가는 경향이 있다. 이런 이유로 고급 주택가나 대형 아파트 단지 내의 소매상가가 활성화되지 못하는 경우가 많다. 반면에 중소형 아파트 단지는 맞벌이 부부가 많고 가족 중심의 소비형태를 보인다. 외식을 해도 가까운 곳에서 한다. 게다가 이들은 아이들 중심으로 움직이기 때문에 아이들이 뭘 사달라고 하면 그 근처에서 소비를 하게 된다. 때문에 주변의 소매상가가 활성화되고 외식업도 자연히 장사가 잘 된다. 그리고 아파트만 밀집되어 있는 곳보다는 주변에 단독주택이나 연립주택 등이 분포되어 있으면 더욱 안정된 상권이다.

■ ■ ■ ■ **발품을 팔아 상권 변화를 탐문조사하라**

배후지 인구, 유동인구와 업종구성분석을 통해 상권을 파악했어도 상권은 자꾸 변화한다. 따라서 막 활성화되는 상권인지 아니면 죽어가는 상권인지를 다시 한번 살펴봐야 한다. 외형만 봐서는 파악이 힘들므로 제대로 파악하려면 시간을 들여 발품을 팔아가면서 탐문조사를 하는 것이 가장 좋다. 그 지역에서 진을 치고 장사를 하고 있는 노점상이나 구멍가게 등에 들러 물건을 좀 팔아주면서 '이 지역이 요즘 어떤가?' 를 이것저것 물어보면 자세히 알 수 있다. 향후 재개발 예정이라든지, 새로운 대형시설이 인근상권에 새롭게 신축되면서 상권이 빠져나가는 것은 아닌지 꼼꼼히 파악해야 한다. 또한 그 지역의 음식점에 식재료를 납품하고 있는 재료상들에게 물어보는 것도 아주 효과적인 방법이다. 그전보다 물건의 소비량이 늘어나고 있는가 아니면 줄어들고 있는가, 내가 앞으로 음식점을 하나 개업하고 싶은데 어느 지역이 적당한가를 물어보면 자세하게 얘기를 해준다.

인천 S호텔 뒤편으로 대형 먹자 상권이 형성되어 있다. 겉으로 얼핏 보면 어떠한 음식점을 창업해도 돈을 벌 수 있을 것 같은 생각이 들만큼 상권도 커져 있다. 그러나 이런 상권은 이미 너무 대형화되어 별 실익이 없는 상권이다. 상권이 너무 비대해져 공급이 수요를 초과한, 한마디로 말하면 빛 좋은 개살구인 셈이다. IMF 이전에는 외부에서 몰려오는 고객이 많아 그런 대로 호황을 누릴 수 있었지만, 요즘과 같이 외식수요가 줄어든 상황에서는 경쟁은 치열해지고 수익이 줄어드는 것이 당연한 현상이다. 즉 주변 구매력에 알맞은 적정한 상권이 형성돼야 하는데 상권이 너무 커진 것이다.

또 서울 노원구 중계동의 은행 사거리는 배후에 아파트 단지가 있으며 대형 빌딩이 꽉 들어차 있다. 얼핏 보면 주요 은행을 비롯 상가시설이 많고 큰 빌딩이 밀집되어 있어서 음식장사하기 좋은 곳으로 보인다. 그러나 은행을 제외한 빌딩에 들어선 업종은 사무실보다는 중 · 고등학생 대상의 학원과 보험 사무실이 많이 보인다. 이런 상권에는 점심 수요가 별로 없다. 직장인수도 많지 않고 주부들도 점심을 밖에서 먹는 일도 거의 없다. 따라서 점심 위주 음식점은 고전할 수밖에 없다. 그렇다고 저녁식사를 즐길 만한 곳으로도 약간의 한계가 있다. 겉은 반듯하고 그럴싸해 보여도 실속은 약한 곳이다. 이런 곳에서는 대규모 아파트 단지를 대상으로 한 치킨 등의 배달음식이나 상가 입주자나 자영업자 그리고 은행에 온 아파트 주부나 주민을 대상으로 한 한식 · 분식류가 적당한 업종이다.

입지조건 파악요령

해당 점포 앞의 통행량, 통행흐름, 전면이 눈에 띄는지의 여부(가시성), 접근
편리성, 점포 모양새 등의 조건들을 통해서 영업하기 좋은 여건을 좋은 입지
라고 한다.

■■■■ 유동인구도 유동인구 나름

상권 내 유동인구가 많을수록 좋은 상권임은 틀림없다. 따라서 좋은 입지를
고를 때는 배후인구 못지 않게 점포 앞의 유동인구수를 확인하는 일은 중요
하다. 그래서 점포 앞을 지나다니는 사람수를 파악해야 한다. 시간과 인력을
투자해서라도 반복해서 조사해야 정확한 결과를 얻어낼 수 있다. 유동인구는
시간대와 요일별로 나누어서 파악해야 한다. 시간대는 점심시간대(정오 12
시~오후 2시)와 저녁시간대(저녁 6시~저녁 8시), 그리고 밤시간대(밤 9시
~밤 11시)로 나누어 하루 3번 조사해야 한다. 하지만 유동인구는 많아도 흐
르는 자리인 경우 별 이득이 안 되는 경우도 있다. 지나치게 혼잡해서 편하게
먹기가 어려운 곳이면 패스트푸드나 회전율이 빠른 일부 음식점 외에는 적당
치 않으므로 잘 판단하자. 유동인구 파악과 아울러 해당 경쟁업소 약 3군데
를 선정하여 점포 앞의 유동인구 대비 점포 방문율도 함께 조사해 보자. 이
자료를 토대로 내가 잡고자 하는 점포 앞의 유동인구수에 평균 방문율을 곱
하면 점포의 예상 고객수를 가늠해 볼 수 있다. 물론 경쟁력은 전혀 고려치
않은 일방적 수치이긴 하지만 이런 수치에 자신의 점포규모에 따른 고객 수
용인원, 평균회전율, 객단가 그리고 자신의 맛에 대한 노하우 정도 등을 감안
하면 예상 매출액을 어느 정도 올릴 수 있는지 가늠해 볼 수 있다. 이런 것까
지 검토해 보면 최종 점포 계약 여부까지도 판단할 수 있다.

조사시간 : 3회/일

성별 연령대	남 성	여 성	총 계	백분율	음식점 방문자수		
					A음식점	B음식점	C음식점
10대							
20대							
30대							
40대 이상							
총계							
백분율							

■ ■ ■ ■ 노점상은 노른자 위에 진을 친다

상권에서 가장 좋은 자리를 한눈에 알아보는 방법은 노점상이 어디에 진을 치고 있느냐를 살펴보는 것이다. 특별한 경우를 제외하고는 노점상들은 가장 장사가 잘되는 곳에 자리를 잡게 되어 있다. 상권은 대개 이 지역을 중심으로 동심원식으로 퍼져 나간다. 이 방법은 사람이 많이 다니는 어느 상권에서 어느 위치가 특별히 좋은 자리인가, 내가 하려는 점포의 입지는 어느 위치에 놓여 있는가를 가늠할 때 사용하는 가장 중요한 방법이다. 그러나 알아두어야 할 것은 노점상들의 위치를 파악할 때 노점상들이 자연발생적으로 생겨서 퍼져 나간 것인지, 어떤 일정한 지역에 구역정리에 의해서 생긴 것인지를 파악해야 한다는 점이다. 자연발생적으로 생긴 노점상의 위치를 그 상권에서의 핵심지역으로 보면 된다.

■ ■ ■ ■ 이면도로가 유리하다

음식을 먹으면서 편하게 먹고 싶은 것은 당연하다. 복잡하거나 산만하고 소음이 나는 대로변 등은 편하게 먹기는 부적당하다. 음식점은 큰 도로변보다는 오히려 이면도로변이 유리하다. 물론 패스트푸드나 회전율이 빠른 음식점이나 대형 음식점은 전면도로가 유리한 예외인 경우이다. 술과 함께 곁들이는 저녁식사 중심의 음식점은 이면도로가 적합하다. 먹자골목, 먹자촌이 대체적으로 이면도로에 형성되는 이유도 여기에서 기인한다.

■ ■ ■ ■ 물은 낮은 곳으로 모인다

사람은 올라가는 것보다는 내려가는 것이 편하다. 상가도 어느 기점을 중심으로 올라가는 쪽보다는 내려가는 쪽이 활성화되어 있다. 이대 전철역에서 내려보면 신촌 쪽으로는 내려가는 길목이고 아현동 쪽으로는 오르막길이다. 전철역을 중심으로 내려가는 쪽의 상가가 훨씬 활성화되어 있다. 독립문에서 홍제동 사이의 무악재 고개도 마찬가지다. 전철역 역세권이 있음에도 불구하고 높기 때문에 상권이 형성되지 않고 있다. 마찬가지로 구파발역과 연신내 사이의 박석고개도 상권이 형성되지 않고 있는 것도 같은 상황이다. 내가 하려는 점포가 전철역이나 버스정류장, 중심상권을 기준으로 내리막인지, 오르막인지를 살펴보아서 낮은 쪽에 위치한 점포가 일반적으로 좋은 점포다.

■ ■ ■ ■ 고객 접객 시설로 통하는 동선의 입지가 좋다

고객 접객 시설이란 대형 쇼핑센터, 은행, 구청 등 관공서, 영화관, 대형학원 등 고객이 몰려드는 시설을 말한다. 이런 시설에 몰려드는 사람들의 동선에 자리잡은 쪽이 반대편보다 좋은 것은 당연하다. 실제로 전철역에서 고객 접객 시설까지의 동선 거리는 바글바글하나 그 반대편은 썰렁한 곳이 많다.

 왕초보 창업자도 전문가가 되는
음식장사 마케팅

■■■■ 상가의 연속성이 끊어진 점포는 피한다

시장조사를 하다 보면 도로 중간에 공터가 있거나 엉뚱한 업종이 들어가 있는 경우가 종종 있다. 그 다음에 몇 몇의 상가가 이어지는 경우가 있는데 여기서부터는 상권이 단절되었다고 보면 된다.

가격이 싸거나 권리금이 없어 이러한 점포를 계약하는 수가 있는데 이런 점포에서는 고생을 하는 경우가 많다. 고객들은 상가의 연속성이 끊어지는 곳에서 다시 돌아나오게 된다. 그 뒤에서 아무리 노력을 해봐야 소용이 없다.

이런 점을 염두에 두고 잘 살펴보면 도로 중간에 빈 가게가 있거나 공터가 있거나, 세차장이나 카센터, 이삿짐 센터가 있으면 상권이 단절되었다고 보면 된다. 점포는 상권의 연속성이 있는 범위 내에서 선정하는 것이 좋다.

■■■■ 출근길목보다는 퇴근길목이 좋다

아침에는 출근하는 직장인으로 바글바글하지만 반대로 저녁에는 한가한 곳이 있고, 반대로 아침에는 한가하나 저녁에는 퇴근하는 직장인들로 붐비는 곳이 있다. 음식점은 당연히 아침보다는 점심이나 저녁에 매출이 많으므로 여유가 있는 퇴근시간대의 고객이 많은 쪽, 즉 퇴근길목이 좋다.

■■■■ 권리금 – 싼게 비지떡이다

점포를 물색하는 사람들의 한결같은 바람은 어떻게 하면 목도 좋고 권리금도 없는 점포를 구하는가 하는 것이다. 주변 상가의 평균 권리금을 파악해 보면 그 상권의 수준을 대충 파악할 수 있는데 의외로 권리금이 터무니없이 싸거나 없는 점포가 있다. 이때에 사람들은 권리금이 싼 이유를 조목조목 따져보지 않고 자기 입장에서만 유리하게 생각하고 덥썩 계약을 하게 되는 경우가 허다하다.

권리금이 없거나 싼 점포를 찾는 것보다 중요한 것은 그 지역의 평균 권리금을 알아보고 필요 이상으로 권리금에 거품이 부풀려 있는가를 파악하고 절충을 하는 것이다. 주인이 자주 바뀌면서 시설을 자주 하여 권리금에 거품이 껴 있는 경우나 나에게 필요하지 않은 시설 때문에 권리금을 과도하게 요구할 경우에는 주변 상가의 평균 권리금에 맞추어 깎는 방법이 효과적이다.

하여튼 주변 상가보다 턱없이 권리금이 낮거나 없는 점포는 장사목이 좋지 않은 경우가 많으므로 계약하기 전에 그 이유를 꼼꼼히 따져봐야 한다.

■ ■ ■ 손님들은 계단을 싫어한다

사람들은 헬스클럽에 가서 비싼돈을 내고 죽어라고 땀을 빼며 운동을 하면서도 막상 일상생활에서는 계단 하나 오르는 것조차 싫어한다. 점포를 물색하다 보면 위치도 좋고 외형도 번듯한데 장사가 시원치 않은 장소가 있다. 자세히 살펴보면 점포 앞에 2-3개의 계단이 있거나, 다른 점포보다 건물이 뒤로 들어가 있거나, 그 앞을 차가 가로막고 있는 경우가 많다. 이러한 경우에는 소규모 점포로는 적합하지 않다고 볼 수 있다.

■ ■ ■ 주인이나 간판이 자주 바뀌는 점포는 피한다

어떤 점포의 경우 유난히 업종이 자주 바뀌거나 주인이 자주 바뀌는 점포가 있다. 이러한 점포는 고객들에게 나쁜 인상을 심어주게 되고 고객들은 필요 이상으로 그 점포에 대해서 거부반응을 나타낸다. 음식점의 경우 주변 고객을 위주로 장사를 하는 경우가 대부분이므로 고객들에게 한번 나쁜 인상을 심어준 점포는 새로운 메뉴로 간판을 갈아단다 해도 쉽게 좋은 인상을 주기는 어렵다.

이러한 점포의 경우 장사 경험이 풍부한 전문가가 장기적인 안목으로 헐값에 인수해서 점포를 살려내는 경우도 있으나, 초보자들의 경우에는 조건이 조금 좋다고 해서 욕심을 내고 달려드는 것은 금물이다.

  왕초보 창업자도 전문가가 되는
음식장사 마케팅

그러나 이러한 점포의 사정을 알아내기가 쉽지 않다. 점포주인이나 건물주에게 물어보면 사실대로 얘기해 주지 않는다. 그렇다고 그 지역에 살고 있지 않은 이상 주인이 언제 바뀌었는지, 업종을 언제 바꿨는지를 알 수가 없다. 이 것을 알아내는 방법은 주변의 노점상이나 슈퍼에서 물건을 사면서 자연스럽게 물어보면 된다. 이런 식으로 몇 군데 물어보다 보면 계약하려는 점포의 상황을 파악할 수 있다.

■ ■ ■ 간판이 커야 가게도 산다

멀리서도 그 가게가 잘 보이는지 전면이 넓은지, 간판을 크게 달 수 있는지, 사방에서도 잘 보이는 위치인지를 살펴봐야 한다. 전면이 좁고 깊은 가게는 평수가 넓어도 가시성이 떨어져 좋은 점포가 아니다. 또한 내부 모양도 반듯한 사각형 모양인지 혹은 사각형 형태가 아니어서 귀퉁이가 죽었다든지, 중간에 있는 큰 기둥 때문에 효율이 떨어지는지, 지나치게 천장이 낮은지도 함께 체크한다.

■ ■ ■ 이런 곳은 피하는 것이 좋다

먼저 병원 응급실 앞이나 주변에 장의사 등 사람들에게 왠지 불안한 기분을 일으키는 시설이 있는 곳은 피한다. 어느 누가 앰뷸런스의 사이렌 소리를 들어가면서 맛있게 음식을 먹겠는가. 어쩔 수 없이 한끼를 때워야 하는 사람들을 대상으로 하는 장사가 아니라면 이런 곳은 가격조건이 좀 유리하다 해도 피하는 것이 좋다.

또한 같은 건물 내에 사이비 종교단체나 카바레 등 유흥시설이 있는 곳은 피해야 한다. 특히 내가 하려는 업종이 청소년을 대상으로 하거나 가족을 대상으로 한 음식점의 경우에는 더욱 그렇다.

계약 전 권리관계 확인

해당 점포의 소유자, 건물구조, 건물용도, 근저당이 설정되어 있는지 압류되어 있는지 등 법률적 사항을 따져봐야 한다. 이 같은 위험을 피하기 위해서는 관할구역의 등기소에서 등기부등본을 열람해야 한다. 등기부등본 확인은 한 번으로 끝내지 말고 점포계약 전과 중도금 지불시, 잔금지불 후에도 열람해서 확실히 해둬야 할 사항이다. 장기 대출금액과 점포 보증금의 합계가 건물 시가의 70% 수준을 넘는다면 만에 하나 건물 주인에게 문제가 발생할 경우, 경매 처분될 때 보증금을 챙기지 못할 수 있다. 특히 상가 보증금은 아파트와 달리 법적 보호가 약하다는 점은 잊지 말자.

또한 도시계획 확인원을 열람하는 것도 필요하다. 이는 관할구청이나 시청에서 열람할 수 있는데 도시계획이나 업종 제한구역 등이 표시되어 있고 계약 후 점포가 도로와 같이 공공용지에 포함되어 헐리게 되지는 않는지, 재개발 지역으로 지정되어 헐릴 지역은 아닌지를 확인할 수 있다. 아울러 해당 점포가 음식점을 하던 장소가 아닐 때는 가스시설, 수도시설, 배수시설, 전기 용량도 함께 확인하여 미비한 시설은 미리 조치해야 한다.

상권별로 적절한 음식점이 따로 있다

상권을 파악하려면 주고객이 누구인지를 먼저 파악해야 한다. 즉 어떤 고객이 그 음식을 언제 어떻게 즐기는지를 살펴보면 알 수 있다. 예를 들어 돈까스는 점심식사로 좋으므로 점심수요가 많은 오피스타운이 좋다. 술손님 대상의 먹자골목이나 대규모 아파트단지가 좋아 보여도 사무실 밀집지역 상권보다 매출이 떨어진다. 음식을 즐기는 고객층의 변화도 살펴봐야 한다. 갈비집은 직장인 회식과 가족 외식시에 주로 이용하는 음식점이다. 그러나 IMF이후 직장인 회식이 대폭 줄어들었다. 따라서 가족손님 대상의 주택가나 아파트단지가 더 좋은 상권으로 떠오르고 있다.

또한 경기동향에 맞는 상권을 파악해야 한다. 즉 번성하는 상권, 돈이 흐르는 지역을 잡는 것이 좋다. 벤처기업이 밀집된 테헤란로 상권이나 광고 호황에 따른 충무로 상권, 그리고 증권 붐에 따른 여의도 증권타운의 음식점이 호황이다. 각 상권별로 적절한 음식점은 대략 다음과 같다.

■ ■ ■ ■　아파트, 주택가 상권

점심식사 중심의 업종보다는 퇴근길에 술과 함께 즐길 수 있는 업종

치킨, 피자, 돈까스, 족발, 중국집, 보쌈 등의 배달 관련 업종, 해물요리 배달점, 제과점, 돼지고기집, 닭갈비집, 갈비집, 칼국수집, 생고기집 등

■ ■ ■ ■　사무실 밀집 상권

점심과 저녁 수요층이 충분하므로 음식점 하기에는 좋은 상권이다.

돈까스, 우동, 초밥집, 설렁탕, 한식집, 분식집, 도시락집, 해물탕, 쌈밥집, 솥밥집, 갈비집, 횟집, 설렁탕집, 오리집, 해장국집, 부대찌개, 황태요리, 꼬치구이, 죽 전문점 등

■ ■ ■ 전철 역세권 상권

역세권과 같이 유동인구가 많고 흐름이 빠른 곳은 패스트푸드 업종이나 칼국수, 돈까스 등 회전율이 빠른 음식점이 적당하다.

햄버거, 아이스크림, 김밥, 돈까스, 카페, 국밥집, 칼국수, 분식 등

■ ■ ■ 먹자촌 상권

주로 저녁장사에 맞는 음식점이 잘 된다.

해물탕, 보쌈, 족발, 생고기 전문점, 횟집, 아구탕, 낙지집, 갈비, 감자탕, 닭갈비, 철판 볶음밥, 장어전문점, 오리집, 꼬치구이, 곱창집, 참치횟집 등

■ ■ ■ 신세대 대학가 상권

점심에는 상대적으로 저렴한 분식집과 저녁에는 신세대풍의 주점부터 레스토랑, 저렴한 고기집 등이 성업한다.

패스트푸드, 분식집, 김밥집, 주먹밥집, 생삼겹집, 생고기집, 호프집, 닭갈비집, 순대볶음집, 스파게티, 돈까스, 신세대 주점, 레스토랑, 카레 전문점, 라면 전문점, 도너츠, 빵 전문점 등

■ ■ ■ 교외 도로변 상권

오리집, 토종닭, 보신탕, 추어탕 등 30~50대 층에 맞는 보신용 음식, 연인 대상의 레스토랑이나 고급카페, 민물고기 매운탕, 가든 형식의 갈비집, 한정식집, 산채정식 등

2 적절한 권리금과 임대료 수준 판단하기
그 가게를 계약해야 하나, 말아야 하나

 **적당한 권리금과 임대료를 어떻게 파악할 것인가?**

창업하고자 하는 아이템이 결정됐고 이 아이템에 맞는 점포를 선정, 계약단계에 이르렀다. 그러나 막상 계약전 권리금이 지나치게 비싼 것은 아닌지 아니면 매월 나가는 월 임대료를 뽑아낼 수 있는 가게인지 판단이 안서 계약이 망설여질 수 있다.

권리금이 지나치게 높으면 초기 투자비용이 부담스럽고 또 여기에 추가로 투자되는 시설 투자비까지 감안하면 초기 투자비 회수가 꽤 오래 걸리게 마련이다. 또 임대료가 지나치게 비싸면 장사는 잘 되도 임대료 주고 나면 남는게 없는, 결국 건물주인만 좋은 일 시켜주는 셈이다.

그럼 적당한 권리금과 임대료 수준을 어떻게 파악할 것인가? 권리금은 시설

투자금과 영업권에 대한 권리로서 이를 돈으로 가치화시킨 것이다. 시설투자
금액이 많거나 장사가 잘되면 당연히 권리금이 높아지나, 종종 장사가 잘되
지 않아도 주인이 자주 바뀌면서 (시설 투자금이 올라가) 권리금이 지나치게
높게 형성된 가게도 있다. 따라서 시설투자비 기준이나 눈에 보이지 않는 영
업권으로는 권리금을 계산하기가 쉽지 않다.

적당한 권리금과 월임대료 수준

적정한 권리금액은 복잡하게 생각할 것이 아니라 그 가게를 인수해서 1년 동
안 벌어들일 순수익의 총액으로 보면 간단하다. 즉 매월 300만원의 순수익을
올리고 있거나, 예상되는 가게이면 3천 6백만원 수준의 권리금이 적당한 금
액이다. 임대료는 월매출액의 10%~13% 범위가 적당하다. 즉 한달 중 3일
동안의 매출액이 적절한 임대료 수준이다. 월매출액 중 임대료가 15% 이상
넘으면 비싼 점포이다. 한달간 열심히 일해도 벌어들이는 수익으로 임대료
갚기에 바빠서 남는 게 별로 없는 상황이 돼버리기 때문이다. 음식점의 평균
매출액과 평균 지출구조를 살펴보면 왜 남을게 별로 없는지 바로 알 수 있다.
물론 음식점별로 수익과 지출구조가 다 다르기는 하지만 일반적 평균치를 적
용해서 계산해 보자.

 왕초보 창업자도 전문가가 되는
음식장사 마케팅

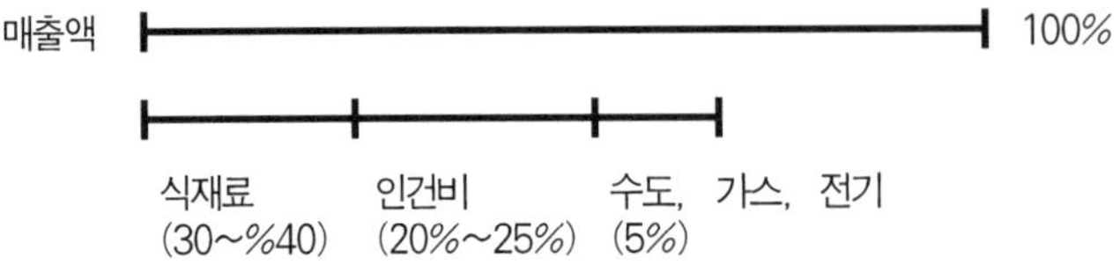

전체 매출액(100%) 중 식재료(30~40%), 인건비(20%), 수도, 가스, 전기, 관리비(5%)를 제하면 약 35%~40%정도가 남는다. 이 중 임대료가 월매출액의 15% 이상이 되면 20% 마진도 챙기지 못하게 되어 별로 남는 게 없는 상황이 된다.

각 음식점별로 매출액에 따른 지출액 구조가 조금씩 다르므로 다음의 각 음식점별 수입·지출구조를 참고해서 음식점 장소계약에 활용할 수 있다.

1. A 보쌈 전문점(배달전문)

· 월매출액

· 월지출액

2. S생고기 전문점

· 월매출액

· 월지출액

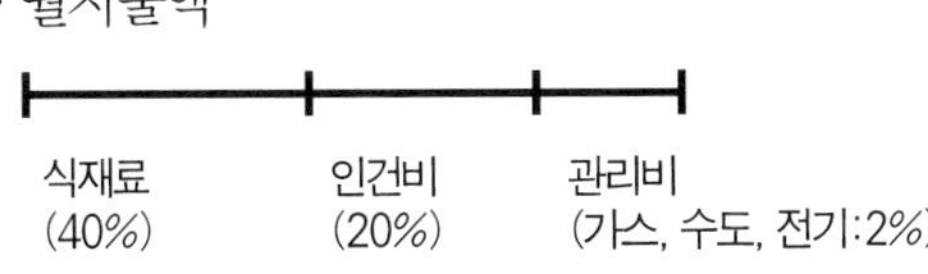

3. P호프집

· 월매출액

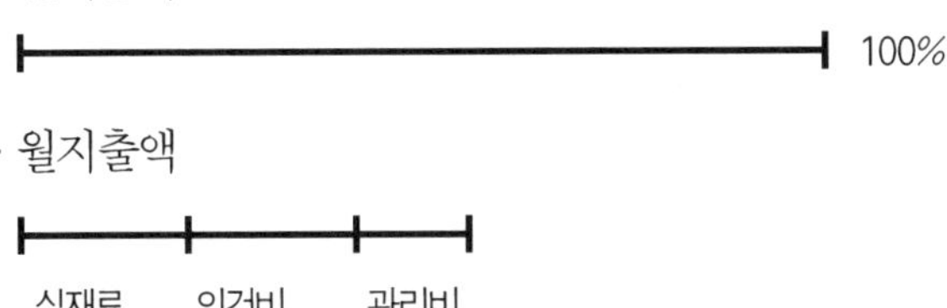

· 월지출액

4. M분식집

· 월매출액

· 월지출액

5. K 보쌈 전문점(홀운영 전문)

· 월매출액

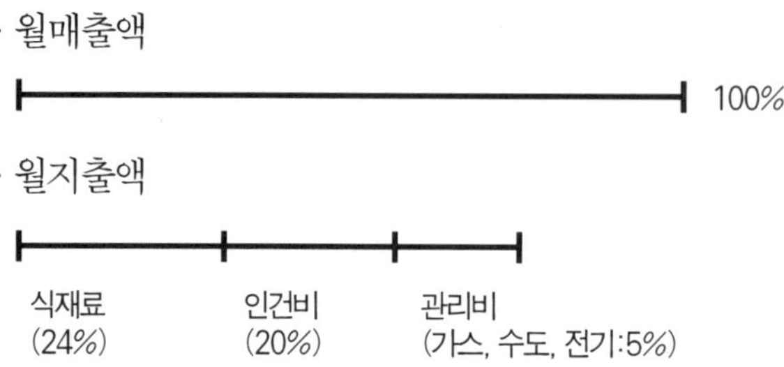

· 월지출액

6. Y오리 전문점

· 월매출액

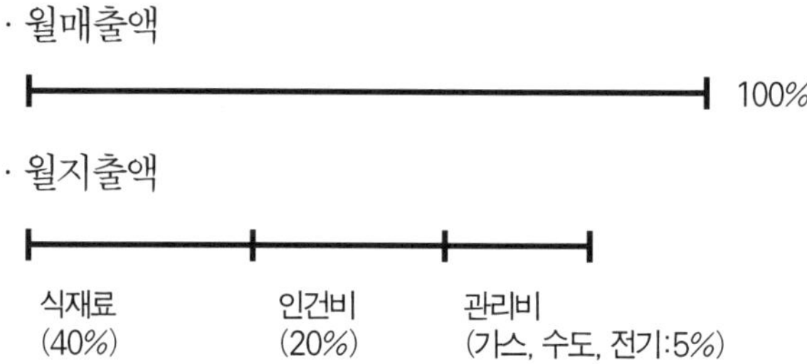

· 월지출액

구체적인 사례를 통해 자세히 확인해 보자

권리금 3천만원에 월세 150만원인 7평 점포에서 돈까스 전문점이 적당할까? 충무로 먹자골목의 실평 7평 점포에서 돈까스 전문점을 하고자 한다. 계약을 해야 할지 말아야 할지, 이를 어떻게 판단하는지에 대해 (주)맛깔 컨설팅 이상화 실장의 도움으로 알아보자.

권리금은 3천만원이고 월임대료는 150만원이다. 물론 이 가게가 위치한 입지는 돈까스 전문점을 하기에 적당한 입지이다. 그럼 적당한 입지인 만큼 바로 계약해도 좋을까? 이 판단을 위해 먼저 예상 매출액과 예상 지출액을 뽑아 보자.

■ ■ ■ ■ 예상매출액

① 일매출액
좌석수 : 7평 공간이므로 20석
회전율 : 4회전(점심 2회전, 저녁과 그외 시간 2회전 가능)
객단가 : 4,500원
일매출 : 16석(80%적용)×4,500원×4회＝288,000원
② 월매출액 : 288,000×25일＝7백2십만원

■ ■ ■ ■ 예상지출액

① 평균 식재료(35%) : −2,520,000원
② 인건비(20%) : −1,440,000원 (사장인건비 제외)
③ 관리비(5%) : −360,000원
소 계 : 4,320,000원

임대료를 제외한 총지출은 4백32만원이므로 수입은 288만원 수준이다. 이 중 월임대료 150만원을 제하면 138만원밖에 남는 게 없는 셈이다. 즉 사장 인건비에도 못 미치는 수입이 예상된다.

이는 임대료 수준이 월매출액의 16%수준으로 비싸기 때문이다. 순수입에 비춰본 권리금도 1천 6백만원 수준이 적당하다. 따라서 돈까스 전문점을 하려는 입지로는 적당할지 모르나 월임대료와 권리금이 과도하므로 이런 자리는 피해야 한다.

 왕초보 창업자도 전문가가 되는
음식장사 마케팅

하지만 다시 한번 살펴보자. 물론 평범하게 영업하고 홀 영업만 하는 것으로 가정하면 맞는 계산이다. 그러나 돈까스는 배달이 용이하므로 배달 활성화로 매출을 올릴 경우, 아니면 객단가 높은 저녁 술손님을 받을 수 있는 전략이 수반된다면 충분히 고려 가능한 입지이다. 실제로 배달까지 할 때 돈까스 전문점의 회전율은 5회전 이상이다. 따라서 이 장소에서 배달로 1회전(16그릇)만 추가로 올리면 월 2백만원의 수입을 챙겨갈 수 있다. 아니면 맛의 차별화를 통해 객단가를 높여 마진율을 높이거나 안주를 개발하여 저녁 호프와 함께 취급하면 높은 수익을 챙길 수 있는 자리이다. 따라서 장소계약전 예상매출액과 예상지출액을 뽑아서 적정 임대료 수준과 권리금을 판단해 보거나, 아니면 임대료가 조금 높아도 임대료 수준에 맞는 수익을 올릴 수 있는 영업전략에 대한 확신이 들 때 계약하면 된다. 음식점별 식재료 원가도 다르고 인건비도 부부가 함께 할 경우 절감되는 경우도 있으니 최종판단은 각자의 조건에 맞춰서 하면 된다.

벼룩시장

3 돈 잘버는 음식점이름 짓는 법
이름이 튀어야 음식장사 잘된다

 **음식장사도 이름값 하는 시대**

이름이 좋아야 장사가 잘된다. 이제는 음식점 이름도 이름값 하는 시대가 되었다. 이름이 톡톡 튀어야 손님이 쉽게 기억한다. 여기에다가 맛깔스런 느낌까지 살려주는 음식점 이름이라면 금상첨화다.

과거와는 달리 한집 걸러 음식점이 많이 생겨나고 있다. 이러다 보니 경쟁이 치열해지고 경쟁에서 이기려면 차별화가 중요해진다. 즉 옆가게와는 남다른 점이 더욱 중요해진 것이다. 나란히 놓여 있는 같은 종류의 두 개 음식점 중 어느 곳을 선택할 것인가. 바로 선택을 하는 기준인 첫 인상, 첫 느낌, 즉 간판에 쓰여진 이름이 좋은 이미지를 좌우한다. 물론 건물의 독특한 외관이나 외장도 중요한 선택요소지만 이는 돈이 많이 투자되어야 한다. 반면 이름은 큰돈 들이지 않고 얻을 수 있는 이미지 요소이다. 과거처럼 아줌마집, 부산식당, 동해횟집, 골목집 등 특징 없이 지어서는 손님에게 강렬한 이미지를 심기에는 역부족이다. 또 철학관의 작명소에 의뢰할 수 있지만 이것도 고객의 관심을 끌기에는 한계가 있다.

청량리의 우동 전문점 '진우동'은 처음 창업준비 단계에서는 '진미우동'이었다. 한자로 풀이하면 '진짜맛'이라는 좋은 의미에도 불구하고 '진미'는 왠지 분식점 느낌이 드는 흔한 이름이었다. 애써 비싼돈을 들여 역술가가 지어준 이름이긴 하지만 안쓰자니 찜찜하고 쓰자니 우동 전문점으로서 고객의 호소력이 약한 이름이었다. 이에 절충점을 찾아 진미의 '미'자를 뺀 '진우동'으로 창업하여 장사가 잘되고 있는 사례이다.

철학관의 작명소에 이름을 맡기는 것은 개인의 가치관에 따라 선택할 문제이긴 하지만 요즘의 시대감각을 반영한 독특한 이름 그리고 맛깔까지 살려주는 이름으로는 아무래도 부족하다는 느낌이다. 그럼 어떻게 하면 이런 강렬한 인상을 심어주는 이름, 손님의 발길을 끌어당기는 이름을 지을 수 있을까?

음식점 이름을 처음 본 순간 '아 가고 싶다', '아 맛있겠네'를 불러일으킬 만한 이름이라야 장사가 더욱 잘 되는데, 이런 이름은 단지 희뜩한 이름이라고 되는 것이 아니다. 바로 기존 음식점과 차별되고 구매욕구까지 일으키는 이름이어야만 한다.

음식점이름, 주먹구구식으로 짓지 말자

일반적인 상품의 경우 이름을 짓는 원칙들이 있다. 음성학적으로 부르기 쉽고 기억하기 쉬운 이름이 좋은 이름이고, 마케팅적으로는 그 상품의 차별점이 담긴 독특한 이름이 좋은 이름이다. 기존의 음식점들을 보면 이름지을 때 쉽게 생각해서 짓는 몇 가지 유형들이 있다.

첫째, 지역이나 원산지를 이름으로 쓰는 경우다.

마포숯불갈비, 동경우동, 함흥냉면, 명동칼국수, 연신내 순대타운, 부산어묵 등등 헤아릴 수 없이 많다. 이렇게 지역이 들어간 이름은 그 음식점만의 특색은 하나도 없다. 그 지역이 해당 음식점의 발생지나 유명지역인 경우 그 이미지를 쉽게 얻을 수는 있지만 이런 이름은 누구나 쉽게 다 사용할 수 있어서 독점성이 전혀 없는 이름이다. 함흥냉면, 장충족발 등은 전국 방방곡곡에서 너도나도 특징 없이 사용되고 있다. 실제로 내가 먼저 지역이름을 이름으로 썼어도 다른 사람이 뒤따라 똑같이 쓴다 해도 제재할 방법이 없다. 청진동에 가면 모두다 청진동 해장국집 상호를 쓰고 서로 원조라고 우긴다. 진짜 원조는 억울하지만 어쩔 수 없는 일이다.

둘째, 음식아이템이나 취급메뉴, 조리방법을 바로 이름으로 쓰거나 아이템을 연상시키는 이름이 있다.

토종돼지 생소금구이, 건강식 보리밥, 한방 생고기 전문점, 냉면과 갈비, 유황오리 등의 이름들이 있는데 이런 음식점 이름들은 이름이라기보다는 이름이 없는 경우이다. 단지 취급하는 메뉴를 간판에 올려놓은 경우라고 보아야 옳다. 또는 음식아이템에 덧붙인 이름, 즉 황태마을, 갈비잔치, 생고기마당, 돼지한마당, 산오리가든, 생돼지 자갈구이 등의 이름이 있다.

이런 이름들은 음식아이템이 보다 큰 비중을 차지하는 이름이므로 외식소비가 줄어드는 불경기나 이제 막 새로 태어난 도입기나 성장기 초기 단계의 음식점에서는 의미가 있지만 차별화된 이미지를 살리는 데는 한계가 있는 이름들이다.

셋째, 음식점 운영자의 신분이나 호칭을 이름으로 쓰는 경우가 있다. 아줌마분식, 할매집, 미스고식당, 장모님식당 등등…. 물론 친근하고 부르기 쉬운 이름처럼 보이지만 특징 없는 이름이라서 썩 좋은 이름은 아니라고 볼 수 있다.

넷째, 사람의 '성'씨를 사용한 이름의 경우가 있다. 김가네, 유가네, 허가네, 최가네, 김가네 등등…. 성을 사용한 것은 그 음식점만의 자신감과 자기만의 맛 비법 등에 대한 느낌이 풍겨 나오므로 '전문성'의 이미지를 줄 수 있다. 하지만 요즘 너도나도 많이 쓰고 있어 식상한 느낌이 들며 또한 성씨가 들어간 이름은 브랜드 등록상 나만이 혼자서 사용할 수 있는 권리를 보호받지 못하므로 옆 음식점이 똑같이 써도 막을 방도가 없다.

다섯째, 해당음식점의 아이템과 주고객층, 시대감각을 고려하지 않은 이름들이 있다. 러브식당(한식집), 호박식당(돈까스집), 초우(한식집), 귀빈레스토랑, 삼일냉면, 주(酒)유소(호프집), 젊은오빠, 옛정갈비, 모래시계(분식집) 등등 막 지은 듯한 이름들이다.

톡톡튀는 이름, 맛깔스런 이름, 어떻게 지을 것인가?

음식점 이름을 짓는 데 몇 가지 원칙과 발상법을 알면 누구라도 쉽게 좋은 이름을 지을 수 있다. 그럼 좋은 이름짓는 방법을 살펴보자.

첫째, 음식점의 컨셉이 담긴 이름이 좋다.

컨셉이라는 개념은 내 음식점이 다른 음식점과 구별되는 핵심적 특징이나 손님에게 자신 있게 내세울 수 있는 내 가게만의 장점이라고 보아도 무방하다. 따라서 이름을 짓기에 앞서 내 음식점의 핵심 컨셉을 무엇으로 정할 것인가가 더 중요한 사항이다. 이 컨셉은 옆 음식점보다 '어떤 어떤 점이 맛있다' 라든지, '건강까지 고려한' 음식점이라든지, '깨끗한 집' 이라든지, '친절한 집' 이라든지, '양 많고 싼집' 이라든지 등등 자기만의 차별점이나 고유한 영업전략을 정해 놓아야 한다. 물론 이러한 요소가 여러 가지일 수 있지만 그 중 고객에게 보다 강력한 하나의 차별점을 내세워 단일한 컨셉을 이름에 반영해야 한다. 그래야 날카로운 송곳처럼 강렬한 인상을 심어주는 이름이 나온다. 이러한 핵심 컨셉이 보다 고객에게 강력해지려면 고객이 원하는 바를 반영한 차별점이 있어야 한다. 사장입장에서가 아니라 고객입장에서 차별적 컨셉을 선택하라는 얘기이다. 사장이 아무리 좋게 생각한 컨셉이라 해도 고객의 반응이 시큰둥하다면 그 컨셉은 차별화를 위한 차별화에 머무르는 공허한 것이 되고 만다.

핵심적인 컨셉이 잘 반영된 이름을 사례중심으로 살펴보자.

 왕초보 창업자도 전문가가 되는
음식장사 마케팅

· 아침이슬 먹은소 – 다이옥신 파동 이후 나온 ‘신
  선한 고기’를 컨셉으로 한 갈비 전문점

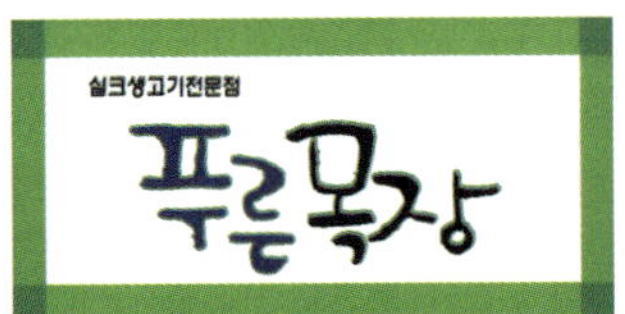

· 푸른목장 – ‘신선’한 생고기 전문점

· 내몸에 좋은 오리 – ‘건강에 좋은’ 오리 전문점

· 모아밀터 – 분식메뉴가 매우 다양한 종합분식점

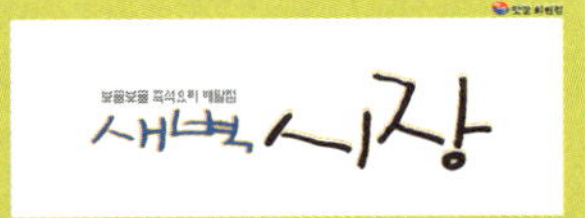

· 새벽시장 – 해물요리 배달 전문점

· 고래밥상 – 해물 샤브샤브 칼국수 전문점

· 싱싱해(海)싱싱어(魚) – 신선한 횟집

· 흙토랑 – 흙을 실내인테리어로 표현한 레스토랑

둘째, 음식점인 만큼 맛깔을 살려주는 이름이 좋다.

본래의 혀로 느끼는 맛뿐만이 아니라 시각, 청각, 후각 등의 오감과 느낌으로 '보다 맛있게 보인다' 라는 이미지까지 표현되는 이름이 좋은 이름이다. 이런 맛깔스런 이름은 한번 먹어보고 싶은 욕구를 바로 불러일으키고 또 그 음식점을 '맛있다' 는 이미지로 각인시킬 수 있다.

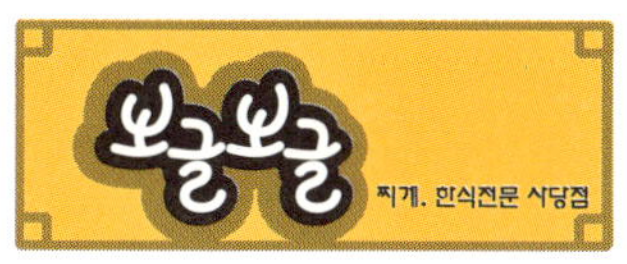

· 보글보글 – 찌개 전문점

· 깨솔솔 김밥 – 김밥 전문점

· 와우보쌈 – '와' 입을 벌리고 '우물우물' 보쌈을
  맛있게 먹는 모습을 표현

· 지글지글 – 생고기 전문점

셋째, 전문점과 '맛 비법' 의 이미지를 위한 이름이나 성씨를 사용한다.

김동수 한의원, 이선근 변호사, 한상일 신경정신과 등 흔히 전문직업의 업종에는 자신의 이름을 직접 내걸고 하는 경우가 많다. 최근에는 음식맛을 내는 요리사도 '주방장' 이라고 하지 않고 '조리실장' , '대가' 라는 호칭으로 불려질 정도로 격상되고 맛을 창조하는 전문직으로 인정받고 있는 추세이다.

따라서 이런 추세를 감안, 자신의 이름을 음식점 이름에 당당하게 내걸어도 좋다. 요리경력이 화려하거나 나만의 맛 비법이 있다면 더더욱 좋다. 고객입장에서 사람의 이름을 내건 음식점을 보면 '맛을 잘내는 전문가', '맛 비법 소유자,' 등등으로 해석한다. 따라서 이름을 내건 음식점 이름이 아직은 많지 않으나 훌륭한 음식점 이름으로 손색이 없다. 물론 이가네, 김가네, 유가네 등등처럼 자신의 '성'만을 내건 이름이 많이 있지만 이런 이름은 너무 흔하므로 이왕이면 이름을 전부 쓰는 것이 좋다. 꼭 성씨만을 쓰더라도 다른 방식으로 쓰는 것이 좋다.

· 임사남의 버섯마당

· 송광호 철판요리

· 박家솜씨

· 강고집

· 허家손맛

· 김철 1080(칼국수 전문점)

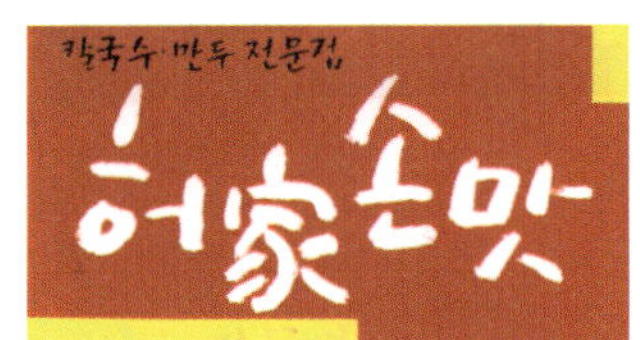

넷째, 음식점 운영 철학과 독특한 가치관을 이름에 담아도 좋다.

음식점을 운영하는 사장의 독특한 고집이 있다면 그것을 반영하면 좋다. 그것이 서비스정신이든 맛이든 청결이든 그만의 가치관과 소신을 반영하면 고객에게 좋은 인상을 심어줄 수 있다.

- 고객은 왕 – 갈비집

- 큰손보쌈 – 양 많이 주는 집

- 깨끗한 중국집

다섯째, 그 음식점을 주로 이용하는 고객의 감각과 시대감각에 맞는 이름을 지어야 좋다.

갈비집에는 30~40대에 맞게, 학교 앞 분식집에서는 10대에 맞게, 스파게티집에서는 20대 여성고객에 맞게 지어야 한다. 여고 앞 분식집 이름으로 한솔분식이나 海光횟집과 같은 구태의연한 한자이름은 고객감각과 시대감각에 맞지 않는다. 신세대 대상인 음식점인 경우는 과감히 외래어나 외국어를 감각적으로 써도 무방하다.

- 웃자돼지 – 서민대상 삼겹살 전문점

- 로쏘뽀모 – 스파게티 전문점으로 이태리어 합성어

- 배꼽시계 – 학교 앞 분식집
- 라꾸라꾸 – 일식 돈까스 전문점
- 형 어디가! – 신세대 주점 · 호프집

여섯째, 취급하는 음식점 아이템이나 음식의 원재료, 조리법에서 이름을 따올 수 있다.

이러한 종류의 이름은 주로 도입기나 성장기단계의 음식 업종 이름으로 활용하면 좋다. 그러나 기존처럼 음식의 아이템을 바로 이름으로 내거는 경우는 이름이 아니다.

한번 더 변형시키거나 덧붙여서 상징화시키되 그 음식점의 아이템이 바로 연상되어야 좋은 이름이라고 볼 수 있다. 그렇지 않고 직접적으로 사용될 경우 브랜드 등록 여건에도 결여되어 독점적으로 보호받기에는 한계가 있다.

· 까사파스타 – 커피 · 스파게티 전문점, 이태리어

· 돈&까 – 돈까스 전문점

· 나오리 – 오리 전문점

· 뽀모도로 – 스파게티 전문점(스파게티 주원료인 토마토의 이태리어)

· 가츠오 – 우동 전문점(가츠오 부시는 우동의 국물재료)

· 돼지가 고추장에 빠진날 – 고추장 양념 돼지고기집

한눈에 쏙 들어오는 간판의 이름과 디자인

이름이 지어지고 나면 이것을 시각화한 간판을 달아야 한다. 이름의 글씨체나 컬러는 이름에 담긴 컨셉이나 이미지를 최대한 살려줘야 한다. 예를 들면 '싱싱해 싱싱어'의 컬러를 눈에 띄게 하려고 빨간색으로 쓴다거나 멋을 부리기 위해 지나치게 꾸밈이 많은 글씨체는 가독성이 떨어지므로 삼가야 한다. 또한 '배꼽시계' 같은 신세대 대상 분식점을 붓글씨체로 쓸 경우도 이미지와 어울리지 않으므로 컬러와 글씨체 선정을 심사숙고해서 선택해야 한다.

간판의 디자인은 음식점 이름을 고객의 첫눈에 보이게 하는 수단인 만큼 소홀히 할 수 없다. 간판에는 음식점 이름과 음식아이템(전문점), 전화번호 등이 필수적으로 들어가야 한다. 음식점 이름이 가장 크게 처리되고 음식아이템이 적게 처리되는 것이 일반적이기는 하지만 최근 IMF이후 음식아이템이 더 크게 들어가는 사례가 늘고 있다. 신촌의 한 돈까스 전문점 같은 경우 간판에 「일본식 돈까스 전문점 나모세」라고 처리, 브랜드는 적게 음식 아이템은 더 크게 처리되어 있다. 또 진국 설렁탕, 춘천 닭갈비 등 음식아이템을 더 중시해서 표현하는 이름도 많이 있다. 하지만 이름을 통해 이미지 형성을 시켜야 한다는 측면에서 보면 음식아이템이나 메뉴가 크게 들어가는 것은 장기적 측면에서 바람직하지 못하다. 단 불경기나 도입기 단계의 음식점에서는 즉각적 구매욕구 자극을 위해 가능하다고 보지만 이미지 차별화는 약할 수밖에 없다.

독특한 우리음식점 이름을 나만의 것으로 만들기

애써 지은 이름을 독점적으로 보호받고자 한다면 특허청에 브랜드 등록을 하면 된다. 특히 향후 분점이나 체인전개까지 염두에 둔다면 브랜드 등록은 필수다. 브랜드 등록은 변리사 사무실에 의뢰하면 간편하나 약 40~50만원의 비용이 들어간다. 하지만 본인이 직접 하면 6만7천원이면 가능하다.

단 혼자서 직접하려면 브랜드 등록 요건을 미리 알아야 한다. 이미 등록한 브랜드, 유사 브랜드, 지역명, 사람의 성 등은 브랜드 등록이 쉽지 않다. 따라서 특허청이나 인터넷, PC통신의 상표검색 사이트를 통해 상표검색을 미리 해보고 또한 상표등록 기본요건을 알고 나서 상표 등록절차를 밟으면 된다. 상표 등록절차는 지정된 서류양식에 등록시키고자 하는 상품류와 브랜드를 적으면 되므로 그리 어려울 것이 없다. 이렇게 브랜드 등록신청 후 심사과정을 거쳐(약 1년 정도 소요됨) 브랜드 등록 허가를 받아 정식으로 등록세를 내고 등록하면 된다. 물론 사용은 미리 할 수 있으나 보호는 등록 후에 받는다.

※ 상표검색 인터넷 사이트

특허기술 정보센터 : www.kipris.or.kr

※ 상표등록 관련문의

특허청 민원실 : (042)481-5221~2

특허청 서울사무소 : (02)568-6074

맛만 좋으면 그만?

이름도 좋아야 장사 잘된다!

음식점 이름짓는 법

음식점의 얼굴은 상호명. 음식장사를 시작할 때 가장 큰 고민거리 중 한 가지가 상호 작명(作名)이다.

음식점 이름은 고객들에게 상큼한 인상을 심어주고, 오랫동안 기억에 남게 만들어 다시 찾게 만드는 것이 최고. 그래서 돈주고 이름을 짓기도 하는데. 이름짓는 유형은 대개 정해져 있다고 한다.

'보글보글 찌개점'
'이슬먹은 소 갈비집'
이름만 봐도 입맛돌게

우선 명동칼국수-아우네순대-장충동족발 등 특정 지역명을 사용하는 경우가 많다.

토종돼지구이-건강식보리밥-한방생고기전문점-냉면과갈비 등 음식아이템을 이름으로 짓거나 보글보글(찌개 전문점)-아침이슬 먹은 소(갈비집)처럼 음식점을 우회적으로 표현하기도 한다.

아니면 '아줌마분식' '할매집' '장모님 식당'이나 '김가네 김밥' '유가네 칼국수' '송광호 철판요리' 처럼 신분이나 성씨, 이름을 사용한다.

맛깔 컨설팅(02-766-1230) 이상화실장은 "음식점 이름을 지을 때 가장 중요한 것은 상호명만으로도 음식종류를 예측할 수 있어야 하고, 이름만 들어도 침이 꿀꺽 넘어가도록 상호에 맛이 배어 있어야 한다"고 말했다 또 실명(實名)을 사용, 맛의 비법을 지니고 있다거나 전문점이라는 것을 강조하는 것이 좋다.

주요 고객층이 젊은층이면 형용사를 사용해서 톡톡튀는 이름을 사용하고, 장년층이면 순우리말로 짓는 게 유리하다.

이름을 지은 후 나만의 상호로만 사용하려면 상표등록은 필수. 미리 특허청이나 인터넷을 통해 이미 등록된 상표인지 검색해 보고, 상표등록은 비교적 간단한 절차를 거치면 끝. 등록비는 변리사사무실을 이용하면 40만~50만원, 본인이 직접 하면 6만~7만원이면 가능하다.

'깨솔솔 김밥' '아침이슬 먹은소' '흙토랑' …

"商號 잘지어도 반은 성공"

창업할 때는 제품의 독특성, 가격과 함께 '브랜드'가 성공의 관건이다. 한 번만 들어도 호감이 가도록 지어진 브랜드는 고객을 배가시키는 요소가 된다. 브랜드를 지을 때 가장 중요한 포인트는 차별적인 핵심 컨셉을 최대한 반영하는 것이다.

최근 무공해음식에 대한 관심이 높아지면서 '아침이슬 먹은소' '푸른목장'이라는 브랜드의 음식점이 인기를 모으고 있다.

건강에 좋다는 오리요리를 전문적으로 취급하는 '내몸에 좋은 오리', 흙을 실내인테리어로 꾸민 레스토랑 '흙토랑', 해물탕 전문점 '새벽시장', 횟집 '싱싱해(海)싱싱어(魚)'도 취급품목의 특징을 잘 반영한 브랜드로 평가받고 있다.

진부한 이름은 몰개성
맛깔스런 브랜드가
고객들고 입맛도 돋워

맛깔을 살려주는 이름도 좋다. 맛깔스런 브랜드는 그 음식점을 꼭 찾고 싶은 욕구를 불러 일으키기 마련이다.

입을 '와' 벌리고 보쌈을 '우물우물' 하며 맛있게 먹는다는 모습을 표현한 '와우보쌈'이 대표적. 찌개 전문점 '보글보글', 김밥 전문점 '깨솔솔 김밥', 생고기 전문점 '지글지글'도 재미있는 브랜드다.

자신의 이름을 음식점 이름에 내건 경우 신뢰도가 높아진다. 고객입장에서 사람의 이름을 내건 음식점을 보면 '맛을 잘 내는 전문가' '맛비법의 소유자'라는 생각을 하게 된다.

'이가네' '김가네' 등 자신의 성만을 내건 음식점도 있지만, 기왕이면 이름을 모두 쓰는 것이 좋다고 전문가들은 권하고 있다. 일산의 손칼국수 전문점으로 10대부터 80대까지 즐길 수 있다는 의미의 '김철 1080'이 좋은 사례다. '임사남의 버섯마당' '송광호 철판요리' '허가(家)손맛' '강고집'도 관심을 끈다.

고객층에 따른 작명도 중요하다. 갈비집은 30~40대. 학교 앞 분식집은 10대. 스파게티집은 20대 여성고객에 맞게 지어야 한다.

형 어디가!(신세대 주점), 배꼽시계(학교 앞 분식집), 웃자돼지(삼겹살 전문점), 돈&까(일본식 돈까스 전문점), 돼지가 고추장에 빠진날(고추장양념구이집) 등이 좋은 사례.

맛깔 컨설팅(02-766-1230)의 이상화 실장은 "여고 앞 분식집 이름을 '해광분식'과 같이 구태의연한 한자이름으로 짓는 것은 시대감각에 맞지 않는다"며 "창업할 때는 전문기관과 상의해 보다 적합한 브랜드를 찾도록 노력하는게 좋다"고 말했다.

4 음식점 메뉴전략과 가격 결정하기
단일메뉴, 모든 음식점 사장의 꿈

메뉴의 가짓수만 봐도 음식점의 영업상태가 보인다

메뉴의 구성내용이나 메뉴의 가짓수만 봐도 그 음식점이 장사가 잘되는 집인지 잘 안되는 집인지 바로 알 수 있다. 장사 안되는 집일수록 벽면에 메뉴가 다닥다닥 채워져 있다. 왜냐하면 한 손님이라도 놓치지 않기 위해 그 손님이 원하는 메뉴를 추가하다 보면 가짓수가 늘게 되는 것이다. 판매하는 아이템이 많으면 많을수록, 즉 상품구색이 다양하면 할수록 잘 팔리는 일반 소매점과는 반대의 현상이다. 메뉴 가짓수가 늘다 보면 여기에 들어가는 재료도 다양해지고 따라서 재료구매와 관리상 원가는 올라가고 신선도와 맛은 떨어진다. 즉 메뉴가 많으면 많을수록 이래저래 힘은 힘대로 들고 맛은 떨어진다. 결국 가짓수 늘린 만큼 손님은 늘지 않는다. 복잡한 메뉴는 부진한 영업상태의 결과물이자 부진한 영업의 원인으로 작용한다.

장사 잘되는 집은 메뉴가 단순하므로 음식장사하기도 편하고 쉽다. 그리고 재료효율도 높아 원가도 낮출 수 있어 수익률도 높다. 그래서 음식장사하는 사람치고 단순한 메뉴를 선호하지 않는 사람은 없다. 하지만 단일메뉴가 좋다고 해서 누구나 단일메뉴만 취급할 수 있는 현실은 아니다. 즉 메뉴를 단순화시키려면 그에 맞는 조건이 필요하다. 충분한 조건이 충족되지 못한 채 단일메뉴로만 영업하는 것은 오히려 복잡한 메뉴보다 못한 결과를 초래한다.

영업조건에 따라 메뉴수를 결정하자

메뉴의 가짓수를 단순하게 구성할 것인가, 복잡하게 가짓수를 늘릴 것인가? 메뉴구성은 매장규모, 상권입지, 경기동향, 영업시간 등의 조건에 따라 달리해야 한다.

매장규모가 대형이고 유동인구가 많은 A급 상권이나 외식소비가 활발한 호경기 그리고 영업시간이 길수록 단순 메뉴가 가능하다. 이는 소형매장에 비해 그만큼 고객 유인력을 갖추고 있기 때문이다. 그러나 매장규모가 소형이고 B, C급 상권인 경우, 외식소비가 줄어든 불경기 때는 여러 가지 메뉴를 취급해야 한다. 많지 않은 고객수를 대상으로 할 때는 단순한 메뉴만으로는 수지타산이 맞지 않는다.

	← 단순메뉴	복합메뉴 →
매장규모	대형	소형
상 권	A급	B, C급
경기동향	호경기	불경기
영업시간	24시간 영업	보통의 영업시간

이들 손님에게는 여러 가지 메뉴를 통해 선택폭을 넓혀 원하는 것을 제공해야 한다. 따라서 단일메뉴가 희망사항일지라도 메뉴가짓수를 늘려서 매출액을 늘려야 한다. 문제는 메뉴의 단순 숫자에 있지 않고 메뉴 구성을 어떻게 하고 메뉴 가짓수를 어떻게 늘려 가느냐 하는 것이다. 메뉴를 늘리는데도 전략이 있고 방법이 있다. 전략이 좋을 때 복잡한 메뉴를 취급하는 음식점의 한계를 극복할 수 있다.

메뉴를 늘려가는 방법과 원칙을 알자

메뉴를 늘리는데도 몇 가지 원칙이 있다. 장사가 잘되는 아이템이 있다고 해서 그 음식점과 전혀 어울리지 않는 메뉴를 무조건 추가해서는 안된다. 어울리지 않는 메뉴를 취급하면 맛도 관리하기가 어려워지고 또 전문음식점의 전문성 이미지도 떨어져 맛이 없는 집의 느낌만 줄 뿐이다.

메뉴 확대시 첫째, 같은 계열의 메뉴를 추가해야 한다. 다른 계열의 음식은 가급적 피하는 것이 좋다. 해물탕과 갈비탕처럼 성격이 다른 음식을 함께 다룰 경우 조리과정이 다를 뿐 아니라 각기 다른 재료이므로 재료사입과 관리도 만만치 않고 주방시설, 식기도 따로 준비해야 하므로 효율이 떨어진다. 맛 관리와 유지도 만만치 않은 것은 물론이다.

해물 칼국수집에서 저녁메뉴 보강차원에서 생삼겹살을 함께 취급하는 집이 많은 것을 보게 된다. 해물 칼국수와 생삼겹살은 서로 어울리는 메뉴가 아닐 뿐만 아니라 전문점의 이미지를 실추시킨다. 이 경우 해물 칼국수와 같은 계열의 저녁메뉴로서 술과 함께 객단가를 올려주는 아이템으로는 해물전골 칼국수(술안주 가능)나 해물탕, 해물찜이 적절하다.

둘째, 재료의 효율성과 재활용을 고려하여 메뉴를 추가해야 한다. 돈까스집에서 자투리 고기를 갈아 쓸 수 있는 햄버그 스테이크나, 생고기집에서 생고기로 쓰기에 신선도가 약간 떨어지는 고기를 활용한 김치전골, 콩비지찌개를 추가하는 것이 좋다.

셋째, 조리효율을 고려하여 메뉴를 추가해야 한다. 조리방법이 전혀 다른 메뉴를 함께 조리하려면 전혀 다른 조리시설이나 주방시설이 별도로 필요하거나 인건비가 이중으로 들어가 효율이 떨어진다. 칼국수 전문점에서 사골 칼국수와 해물 칼국수를 나란히 취급하는 것이 얼핏 보면 같은 계열의 메뉴같지만 사실은 국물재료가 전혀 다르고 국물에 따라 면도 서로 다르기 때문에 동시에 조리하면 조리효율이 많이 떨어진다.

특히 칼국수 전문점의 경우 1시간이라는 짧은 점심시간 내에 많은 손님을 받아야 하는 상황이고 보면 쉽지 않은 일이다. 물론 소형음식점에서 소수의 손님대상으로는 가능할지 모르나 짧은 시간 안에 많은 손님을 받는, 즉 회전율이 생명인 칼국수집에서는 적절하지 않다. 물론 별도 주방시설과 별도 인력을 활용하면 되지만 이는 비효율적이다.

기획메뉴, 부메뉴 전략으로 새로움을 주자

오랫동안 같은 메뉴로 영업하다 보면 고객들이 그 메뉴에 대해 식상해할 수 있다. 이때 전문성을 해치지 않으면서 계절별, 시점별로 기획메뉴를 채택, 한시적으로 운영하는 것도 새로움을 줄 수 있어 좋다. 물론 이것도 같은 계열, 재료의 재활용, 조리효율측면을 고려해서 해야 한다.

또한 곁들여 나오는 반찬이나 후식메뉴에 변화를 준다. 이때 반찬이나 후식메뉴도 본 메뉴와 음식궁합이 맞는 메뉴여야 한다. 예를 들면 매콤한 낙지에 시원한 조개탕이나 콩나물국이 나오는 경우이다. 또한 고기집에서 부메뉴로 메밀국수를 제공하면 느끼한 맛도 없애주고 콜레스테롤도 낮출 수 있으므로 음식궁합이 맞다. 고기집에서 후식으로 흔히 식혜가 많이 나오는데 이보다 더 좋은 것은 매실음료이다. 매실음료는 고기의 느끼한 맛도 깔끔히 없애주고 알칼리성이라 훨씬 좋다.

메뉴를 줄이는데도 전략이 필요하다

메뉴의 가짓수를 줄여갈 때 어떻게 해야 할까? 취급하는 메뉴별로 월매출액을 뽑아보자. 매출액 순으로 순서대로 늘어놓고 상위부터 A, B, C 세등급으로 나눈 ABC 분석법에 의해 메뉴를 줄여나가면 된다. 전체 매출액 중 상위 75%를 차지하는 A등급부류의 메뉴는 지속시키고 하위 5%를 차지하는 칼국수 등의 C등급의 메뉴는 없애는 것이 좋다.

ABC분석 예

아이템	월매출액	매출 비율	등급
김치찌개	1,500,000		
두부찌개	1,000,000	75%	A
동태찌개	800,000		
부대찌개	700,000		
설 렁 탕	500,000		
갈 비 탕	300,000	25%	B
곰 탕	200,000		
칼 국 수	200,000		
냉 면	100,000	5%	C

B등급의 메뉴는 맛을 개선시키든지 혹은 없앰으로써 메뉴의 가짓수를 줄일 수 있다. 이렇게 잘 팔리지 않는 메뉴를 없애고 잘 팔리는 메뉴중심으로 특화시켜 가다 보면 메뉴 단순화를 기할 수 있어 맛도 유지되고 전문성도 살릴 수 있다. 또한 재료효율도 높아지므로 많이 팔고 많이 남는, 돈 잘 버는 음식점을 만들어 갈 수 있다.

적절한 음식가격의 결정은 음식장사 전문가도 쉽지않다

메뉴선정 후 메뉴에 맞는 적정 가격을 매기는 것은 무척이나 힘들다. 많이 남기려고 지나치게 비싸게 가격을 책정했으나 정작 손님이 없어 파리 날릴 수도 있고 아니면 지나치게 가격을 싸게 매겨 많이 팔아도 애써 수고한 만큼 남는 것이 없을 경우도 있다.

또 옆 가게와의 경쟁관계도 고려해야 하는데 그렇다고 옆 가게보다 무작정 싸게 매길 수도 없고 싸게 매기다 보면 제살깎아먹기식이 되어 누군가는 두 손 드는 상황이 될 수 있다. 그렇다고 그 가격 싸움에서의 승자도 남는 것이 없는 상처뿐인 승리일 뿐이다. 즉 실속이 없는 경우가 될 수 있다.

가격결정 방법은 여러 가지가 있다.

첫째, 식재료 원가비율을 고려한다.

통상 식재료 원가 비중이 30~40%를 넘지 않는 선에서 음식가격이 형성된다. 물론 음식아이템별로 이 비율이 많이 다르다. 칼국수 같은 면류는 10~20%수준이고 생고기집의 고기류는 50%에 육박하기도 한다. 돈까스 같은 경우 1인분 만드는 데 들어가는 식재료 원가는 약 1,500원 정도 들어간다. 식재료 원가 비율을 35%로 책정시 4,300원 정도로 가격이 결정된다.

둘째, 음식의 노하우나 희소성을 고려한다.

음식의 노하우가 독특하거나 그 노하우가 상대적으로 희소성이 있는 음식이라면 원가와 상관없이 가격이 높게 형성된다. 예를 들면 일식집에 나오는 메밀소바의 경우 800원 정도의 식재료 원가에도 불구하고 가격은 4천 5백원~5천원 정도로 높게 책정되고 있다. 이는 메밀소바의 노하우가 아직은 대중화되지 않은 이유가 작용했기 때문이다. 대체적으로 도입기나 성장기 초기단계의 음식가격은 원가비중보다 매우 높게 형성되다가 확산되면서 가격이 내려가는 추세를 보인다.

셋째, 음식점이 위치한 해당상권과 고객층을 고려한 가격이다. 신세대 대상의 대학가나 10대 대상의 상권인 경우 상대적으로 저가격을 매겨야 하고, 부유층 대상의 강남상권은 가격이 비싸도 수용되어진다. 또 접대손님을 대상으로 하는 음식점 가격은 고가로 매겨도 좋다. 최근 씀씀이가 줄어든 남자 직장인 대상의 상권이라면 저가격과 고가격을 적절히 섞어서 가격의 선택폭을 넓혀주는 것이 좋다.

넷째, 경쟁관계와 영업전략을 고려한다. 이것은 가격결정하는 데 있어 결정적인 요인이다. 앞서의 식재료 원가, 노하우, 희소성, 상권, 고객특성을 고려해 가격에 대한 가이드라인이 어느 정도 형성되지만 최종결정의 요인은 영업전략에 있는 것이다. 즉 경쟁 음식점과 같은 가격으로 책정할 것인가, 아니면 경쟁사보다 고가전략으로 이미지와 타킷을 달리 갈 것인가, 혹은 저가전략으로 경쟁사를 공격하는 가격을 책정할 것인가 등 전략적 선택이 우선일 수 있다. 비록 이익이 적더라도 박리다매를 추구할 수도 있고 아니면 경쟁사를 쓰러뜨릴 목적으로 초저가 전략을 구사할 수도 있다. 이는 경쟁사를 무너뜨리고 또 다른 경쟁자의 참여를 막아 장기적 관점에서 이익을 남기겠다는 의도가 숨어 있다.

다섯째, 회전율을 고려한다.

회전율이 빠른 음식점은 한 장소에서 많은 손님을 받을 수 있으므로 가격을 낮출 수 있다. 그러나 조리 시간이 긴 즉석 돌솥밥과 같은 음식이나 시간에 구애받지 않고 편하게 앉아서 먹도록 한 음식점은 회전율이 떨어지므로 수지타산을 맞추기 위해서 음식가격을 높여야 한다. 특히 사무실이 밀집된 상권에서는 점심시간 한 시간 동안 점심손님을 받아야 하므로 회전율이 떨어지는 아이템이라면 더더욱 가격을 올릴 수밖에 없다.

가격인상시 정당한 이유를 밝혀라

원가 인상이나 인건비 인상 때문에 기존 가격을 조정해야만 되는 상황이 있기 마련이다. 이때 갑작스럽게 가격을 올리면 손님의 발길이 뚝 끊기게 되고 그 집 이미지도 나빠진다. 주인 입장에서는 남는 게 별로 없는 상황에서 고육지책으로 올린 것이지만 손님입장에서는 가격이 부담스럽고 주인을 야박하다고 생각한다. 따라서 인상시에는 인상이유를 정당하게 공지하는 것이 슬쩍 올려놓고 아무말도 하지 않는 것보다 오히려 떳떳하고 거부반응이 없다. 그래야 손님이 크게 떨어지지 않게 되고 떨어진 손님도 다시 오게 할 수 있다. 가격저항을 해소시키려면 인상이유가 공감이 되도록 원가상승 등의 요인을 정확히 밝히고 정중히 사과하는 글을 벽면에 써서 붙이면 고객들이 대체적으로 수긍하게 된다.

이런 방법이 정공법이라면 우회전략을 통한 가격인상이 있다. 기존메뉴에 관련부대메뉴를 추가하여 정식메뉴 혹은 세트메뉴의 개념이나 메뉴의 조합인 모듬메뉴를 통해 가격을 자연스럽게 인상하거나 객단가를 높일 수 있다. 즉 돈까스 전문점에서 돈까스와 생선까스를 조합해서 모듬 돈까스의 이름으로 가격을 높이거나 객단가를 높이고, 돈까스와 우동을 세트화한 '돈까스 정식'으로 메뉴이름을 바꿔 자연스럽게 가격을 인상한다. 또는 기존 돈까스보다 맛을 달리하거나 양을 달리하여 '스페샬돈까스'를 만드는 것도 한 방법이다.

가격인하를 할 때도 명분이 있어야 한다

갑작스런 상권의 변화, 경쟁 음식점에 대응하는 등 여러 가지 요인에 의해 가격을 내릴 수도 있다. 가격을 인하할 때는 손님 입장에서 좋으면 좋았지 손해날 일이 없다고 생각하고 소홀히 넘어가선 안 된다. 가격인하에도 손님을 납득시킬 명분이 있어야 한다. 난데없이 가격이 낮아지면 손님은 "장사가 안되니까 내린 것 아냐?" "싼게 비지떡" 이라던데 하는 의심과 함께 기존과 같은 수준의 음식맛인데도 "맛이 예전보다 떨어지는 것 같아"라고 까지 해석한다면 그야말로 가격을 내려놓고도 그 효과를 보지 못하게 된다.

따라서 인상할 때 못지않게 인하하는 이유에 대한 설명을 충분히 할 필요가 있다. 고객사은, 고객보답차원이라든지 '새로운 조리법 개발로 맛은 높이고 원가는 낮췄다' 라든지 등등의 고객이 납득할 수 있는 이유를 글로 써서 알리는 것이 좋다. 그런데 지금까지 음식점의 가격인하는 경쟁음식점이 인하하면 마지못해 뒤따라 하는 등 어쩔 수 없이 하는 경우가 대부분이다. 하지만 이제는 경쟁이 치열한 만큼 가격인하요인이나 상황이 발생하면 오히려 적극적으로 인하하고 이를 판촉수단으로 활용하는 것이 더 효과를 극대화할 수 있다. 요즘은 종종 경쟁음식점이 생길 움직임이 보이면 새로운 경쟁사의 참여를 막거나 아니면 경쟁음식점이 자리잡기 전에 공격차원에서 가격을 내리기도 한다.

 왕초보 창업자도 전문가가 되는
음식장사 마케팅

메뉴판에 조금만 신경써도 매출액이 올라간다

메뉴판에 음식사진이 들어가면 주문이 용이하다. 특히 주력메뉴사진을 맛깔스럽게 촬영한 사진이 들어가면 들어가지 않은 메뉴보다 매출효과가 월등히 높아진다. 직장인 대상의 식당에서는 메뉴와 가격을 표시할 때 저가메뉴부터 적어놓는 것이 메뉴 선택시에도 부담이 없다. 반대로 고가메뉴부터 적어 놓으면 고가부터 저가로 읽어내려가게 되어 본인의 주머니 사정에 맞는 저가메뉴를 시키려면 왠지 저급음식을 먹는 기분이 들게 되어 썩 유쾌하지 못할 수도 있다. 그러나 접대손님이 많은 한정식당이나 고급 일식집 등에서는 오히려 고가메뉴부터 적어놓는 것이 고가메뉴 선택 가능성이 높아 객단가를 높일 수 있는 이점이 있다.

메뉴확대와 가격결정 원칙

첫째, 메뉴 확대시 같은 계열의 메뉴를 추가한다. 해물 칼국수집에서 갈비탕처럼 성격이 다른 메뉴를 추가할 경우 재료관리와 조리효율이 떨어진다. 저녁 메뉴를 보강하는 차원이라면 술안주가 가능한 해물전골 칼국수, 해물탕, 해물찜, 해물철판을 추가하는 것이 더 적절하다.

둘째, 재료의 활용을 고려해 추가한다. 돈까스집에서 자투리 고기를 갈아 쓸 수 있는 햄버그 스테이크나 생고기집에서 신선도가 약간 떨어지는 고기를 활용한 김치전골, 콩비지찌개를 추가시키는 것과 같은 경우이다.

셋째, 조리효율을 고려해 추가한다. 칼국수 전문점에서 사골 칼국수와 해물 칼국수를 취급하는 것이 얼핏 보면 같은 계열의 메뉴 같지만, 사실은 국물 재료가 전혀 다르고 국물에 따라 면도 다르기 때문에 조리효율이 떨어진다.

넷째, 기획메뉴, 부메뉴로 새로움을 주자. 오랫동안 같은 메뉴로 영업하다 보면 고객들이 식상해할 수 있다. 이때 전문성을 해치지 않으면서 계절별, 시점별로 기획메뉴를 채택, 한시적으로 운영하는 것도 좋다.

메뉴선정 후 메뉴에 맞는 가격을 매기는 것도 무척이나 힘들다. 가격결정시 고려할 요인은 여러 가지가 있다.

첫째, 식재료의 원가를 고려한다. 통상 원가에서 30~40%를 넘지 않는 선에서 가격이 결정된다. 물론 음식아이템별로 이 비율이 조금씩 다르다.

둘째, 음식의 노하우나 희소성을 고려한다. 노하우가 독특하거나 상대적으로 희소성이 있는 경우라면 원가와 상관없이 가격이 높게 형성된다. 예를 들면 일식집에 나오는 메밀소바의 경우 800원 정도의 재료원가에도 불구하고 가격은 4천 5백원~5천원 정도로 높게 형성되어 있다. 노하우에 있어서 희소성이 있기 때문이다. 대체적으로 이런 음식의 가격은 도입기에 높게 형성되다가 성장기, 성숙기를 거치면서 가격이 떨어진다.

 왕초보 창업자도 전문가가 되는
음식장사 마케팅

셋째, 음식점이 위치한 해당상권과 고객층을 고려한다. 같은 음식이라도 대학가나 10대 대상의 상권인 경우 저가로 판매하며, 부유층 대상의 강남 상권일 경우 고가로 판매해도 고객들은 이를 수용한다. 또 접대 손님을 대상으로 하는 음식가격은 고가로 매겨도 좋다.

넷째, 경쟁관계와 영업전략을 고려한다. 즉 경쟁 음식점과 같은 가격으로 책정할 것인가, 이미지와 타깃을 달리해 고가로 할 것인가에 따라 달라진다. 경쟁사를 쓰러뜨릴 목적으로 초저가 전략을 구사할 수도 있다. 이는 경쟁사를 무너뜨리고 또 다른 경쟁자의 참여를 막아 장기적 관점에서 이익을 남기겠다는 의도가 숨어 있다.

다섯째, 회전율을 고려한다. 솥밥처럼 즉석에서 요리해 회전율이 떨어지는 음식은 원가비율보다 상대적으로 높게 책정되어야 한다.

5 반짝이는 판촉아이디어로 매출액이 따따블된다

이제는 음식점도 마케팅 시대

앉아서 손님받는 시대는 끝났다

앉아서 손님을 기다리는 식의 음식장사 시대는 끝났다. 전국 52만개 음식점, 대한민국 인구수로 계산해 보면 인구 100명당 식당이 하나인 셈이다. 그것도 노인층, 어린이층, 주부층 등 외식기회가 많지 않은 대상을 빼고 계산하면 약 50명당 음식점이 하나인 격이다. 즉 한집 걸러 음식점이 하나가 있는 셈이다. 반면에 IMF 이후 소비위축으로 외식수요는 많이 감소되었다. 상황이 이렇다 보니 치열한 경쟁에서 살아남기 위해 맛과 서비스 등에 있어서 음식점의 수준도 평준화되었다. 이제 손님입장에서 보면 갈 곳도 많아졌고 또 많은 음식점이 비슷비슷한 음식점으로 여겨지는 상황이 되었다. 이제는 앉아서만 손님을 기다릴 수는 없다. 적극적으로 손님을 끌어들여야만 하는 상황이 되었다.

판매촉진 아이디어로 매출액을 따따블로 올리자!

어차피 비슷비슷한 집이라면 내 가게로 오도록 하는 유인요소가 있어야 한다. 물론 독특한 음식맛이나 서비스와 인테리어를 개선하는 것이 우선이겠지만 이 부분도 한계에 이르렀다. 일정부분을 개선하고 나면, 옆 가게도 바로 따라오거나 더 한 단계 앞설 수도 있다.

이때 한번 온 손님을 또 오게 하는 유인요소가 중요해진다. 바로 판매촉진 아이디어가 필요한 시점이다. 쌈박한 판매촉진 아이디어로 승부하면 매출액 따따블도 식은죽 먹기다. 이제는 음식점 개업 때부터 판촉활동을 적극적으로 전개해야 한다.

이 판촉활동은 기존처럼 전단지만 뿌리는 것으로 그쳐서는 안 된다. 덤으로 하나 더 주는 서비스, 단골고객에게 주는 경품, 오픈이벤트 등등 그것이 무엇이든 고객을 끌어들이는 수단이면 모두 다 판촉활동이라고 볼 수 있다.

최근에는 그 아이디어 폭이 다양해지고 있고 음식점에서도 많이 시도되고 있다. 그렇다고 이 판촉을 위해 대기업처럼 큰돈을 쏟아부을 수는 없다. 큰돈 들이지 않고 손님을 끌어들이는 번득이는 아이디어로 손님을 바글거리게 할 수 있다.

하지만 판촉이 손님을 끌어들이는 능사는 아니다. 판촉행위에는 함정이 도사리고 있다. 음식의 기본요소인 '맛' 등을 무시하고 판촉활동을 했을 경우 한 번은 올지언정 실망해서 두 번 다시는 오지 않으므로 꼭 기본요소를 갖추면서 판촉을 해야 효과가 제대로 난다는 점이다. 또한 판촉행사 중 경품행사나 가격할인 등의 판촉활동은 주의해야 한다. 이러한 판촉활동이 효과가 있다고 해서 반복적으로 하다 보면 그 효과가 반감된다. 마치 마약과 같아서 판촉활동을 전개할 때는 반짝하다가 중지하면 바로 손님의 발길이 뚝 끊긴다. 그렇다고 영업매출을 위해 지속적으로 판촉활동을 하기에는 비용 부담이 만만치 않고, 팔아도 남지 않는 결과가 될 수 있다. 그러므로 판촉은 그 내용에 따라 지속적으로 시행할 것과 짧은 기간에 임팩트 있게 할 것을 구별해서 실시해야 한다.

음식점 개업시 사용되는 판촉활동

음식점을 새롭게 개업했을 때가 바로 최고의 판촉활동 타이밍! 새로운 음식점 탄생은 음식점 사장에게도 큰 사건이지만 고객에게도 빅뉴스가 된다. "어떤 새로운 음식점이 생겼을까? 맛은 어떠할까? 궁금해지는데 한번 가볼까?" 바로 고객의 관심을 새롭게 끌 수 있는 큰 찬스인 것이다. 따라서 개업시 가가호호 뿌려지는 전단과 개점행사는 빼놓을 수 없는 중요한 판촉수단이다.

▪ ▪ ▪ 음식점 개업 전단지

제작방법

흔히 찌라시라 불리는 전단지는 개점을 알리는 내용인 만큼 개점의 뉴스성을 최대한 알려야 한다. 이 전단에 들어가는 내용으로는 상호명, 취급메뉴, 가격, 위치, 배달전화번호 등이 필수요소다. 전단 제작시 가장 중요한 것은 이 음식점의 특징이나, 이미지가 정확하게 전달되어야 한다. 즉 이 집은 '일본식 돈까스 전문점인데 아주 맛있는 집' 혹은 '특수비법의 생고기 전문점', '가격이 싸고 양을 아주 많이 주는 보쌈집', '전통손맛 칼국수집' 등 그 음식점만의 독특한 컨셉이 전달되어야 좋은 전단이라고 볼 수 있다. 그래서 전단 제작 전에 먼저 이 음식점은 어떤 음식점인가, 옆 음식점과 무엇이 다른가, 어떤 점을 내세워 손님들에게 어필할 것인가 등을 곰곰히 생각해서 하나의 주요한 특징으로 잡아내야 한다. 그 특징 그 컨셉이 광고 문안, 디자인, 컬러 등에 표현되어야 좋은 전단지라 할 수 있다. 예를 들면 '신선한 집'이라는 컨셉을 나타내고자 하는 음식점에서는 푸른색 계통의 컬러와 디자인을 통해 신선도를 나타내 주어야 보다 효과적이다. 자칫 지나치게 많은 욕심 때문에 바글바글거릴 정도로 많은 내용을 집어넣다 보면 고객들은 어느 것도 읽지 않고 바로 휴지통에 버리게 된다. 오히려 전달력이 더 떨어지므로 이런 욕심은 범하지 말자. 대신 꼭 빼놓지 말아야 할 것은 오픈행사나 특별혜택을 눈에 띄게 처리해야 한다. 이런 것이 있어야 한번 와 볼 계기가 되는 것이다.

전단 제작은 보통 동네에 있는 전단 인쇄 제작처에 의뢰하는 경우 가격은 저렴하지만 제작물의 질은 떨어지는 것이 약간 흠이다. 전단 제작에 돈은 조금 투자하더라도 기획 사무실을 활용하면 효과 높은 광고물이 되므로 결국 그 투자된 돈을 바로 뽑을 수 있게 된다. 개점 전단만큼은 투자를 아끼지 말았으면 한다.

· 돈&까

· 티티카카

· 푸른목장

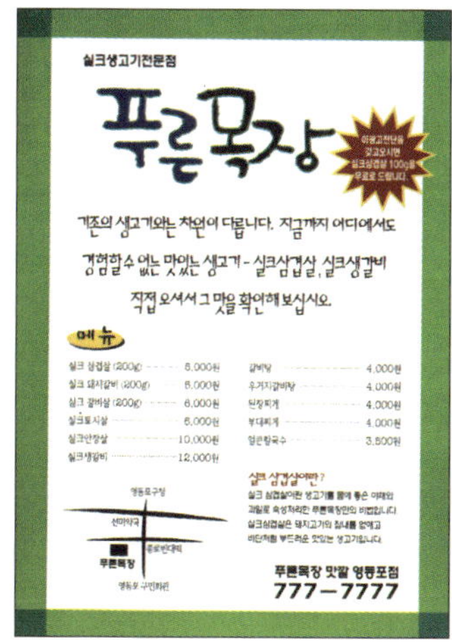

· 허家손맛

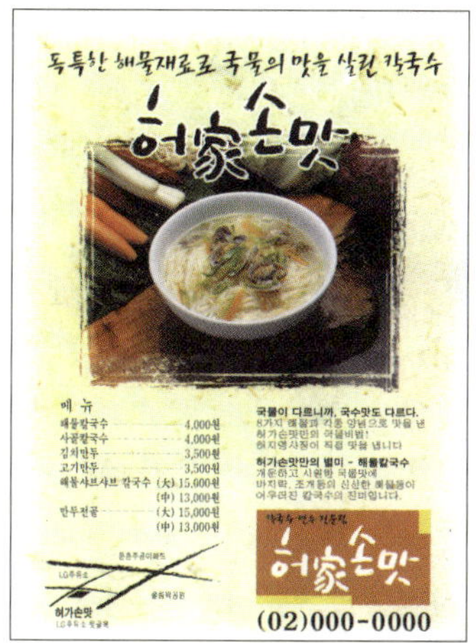

전단지 제작의 핵심포인트

자 그럼 더 효과적인 전단지 제작을 위해 한가지 사례를 살펴보자.

(와우보쌈족발 전단지)

위 전단지는 먹음직스런 보쌈사진과 깔끔한 레이아웃 등 솜씨 있는 전문가가 제작한 것이다. 게다가 '와우보쌈족발' 만의 차별점인 맛 비법, 그리고 전화번호 등 전단지의 기본요소를 잘 갖추었다. 하지만 '와우보쌈' 으로 이름을 바꾸기 전 기존의 같은 가게인 '장충왕족발' 전단지보다 그 효과가 매우 적었다. 왜 그랬을까? 한번 각자의 예리한 시각으로 발견해 보라.

(기존의 장충왕족발 전단지)

그 해답은 표현의 세련됨에 있지 않다. 어떻게 주문하게 하도록 만들어졌는지가 중요하다. 즉 바로 주문하게 하려면 소비자가 원하는 것과 소비자의 마음상태를 얼마나 전단지에 표현했느냐에 달려 있다. 즉 '와우보쌈' 전단지가 제작물의 질로 보면 세련되기는 하나 결정적으로 가격을 명기하지 않았고 그리고 주문 때마다 고객에게 주는 혜택표시가 너무나 약했다. 즉 보쌈을 시킬 때 소비자들은 풍성한 양과 추가로 주는 서비스, 가격에 더 민감하다. 특히 '와우보쌈' 이 위치해 있는 지방상권의 소비자 여건을 간과했기 때문이다.

'와우보쌈' 전단지의 제작물에서 풍겨 나오는 이미지를 보면 전체 표현 분위기나 가게사진까지 나와 있어 비쌀 것 같다는 느낌까지 든다. 그래서 선뜻 전

 왕초보 창업자도 전문가가 되는
음식장사 마케팅

화 주문하기가 쉽지 않았던 것이다. 만약 맛깔스런 사진에다 가격까지 명기하고(실제로 비싸지 않았음) 주문시 혜택까지 크게 처리됐다면 아마 기존 '장충왕족발' 전단지보다 훨씬 효과가 있었을 것이다. 전단지 제작시 자칫 실수하기 쉬운 것이 바로 이런 것이다.

또 다른 유형의 예를 보자.

보글보글 즉석요리 배달전문점 새벽시장의 전단지이다. 전화로 주문을 하면 먹음직스런 해물요리와 육수를 배달해 주므로, 소비자는 자신의 집이나 사무실에서 준비된 요리를 끓여 먹기만 하면 된다.

물론 식당영업도 병행을 하지만 주 영업방침은 배달전문이다. 처음 전단지를 제작할 때 이 점을 염두에 두었다. 전화번호가 눈에 띄도록 크게 처리했고, 커다란 음식사진 위에 취급하는 메뉴와 가격을 표시해 주문이 용이하도록 하였다. 만족할 만한 효과는 아니었지만 결과는 그런대로 괜찮았다.

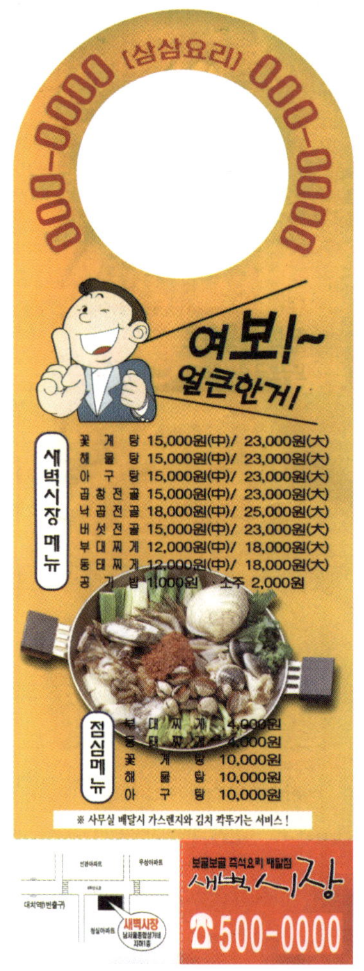

그러나 이 광고에도 문제는 있었다. 즉석요리가 일반화되지 않아 배달음식이면서도 중국음식이나 치킨처럼 일반인들의 머릿속에 바로 그려지지가 않았다. 소비자의 입장에서는 메뉴의 종류와 가격에 대한 정보만 얻었을 뿐 먹어보고 싶다는 생각까지는 이어지지 않았던 것이다. 그래서 다시 제작(아래의 전단지)한 전단지에서는 각 메뉴마다 음식이 배달되는 형태 그대로 사진을 찍어 전단지에 실었고, "즉석요리 배달전문"이라는 문구와 전화번호를 큰 글씨로 처리했다. 결과는 대 성공. 푸짐하고 먹음직스러워 보이는 사진을 넣음으로써 2배에 가까운 주문효과가 있었다고 한다.

전단지를 만들 때에는 이와같이 고객의 입장에 서서, 이 음식을 즐기는 데 그리고 전화주문을 하려할 때 어떤 심리상태일까? 다른 옆 가게나 기존의 가게에 대한 고객의 생각은 어떠할까? 맛에 대한 태도, 가격, 양 등에 대한 고객의 반응을 면밀히 살펴보라. 필요하다면 최대한 해당 음식점 상권을 이용하는 고객의 소리를 경청하고 조사해야 한다. 그러면 해답이 나온다. 이 해답,

이 결론을 최대한 제작물에 반영한다면 성공적인 전단지가 된다.

광고제작자는 표현의 세련됨만 신경쓸 뿐 장사가 될 중요 요소는 간과하기 쉬우므로 전단지 제작자에게 전적으로 의뢰하지 말고 사장이 직접 핵심 포인트를 챙겨야 한다.

제작수량과 배포방법

제작수량은 보통 인쇄의 기본량인 1연(1R) 인쇄시 8,000매(16절지) 정도가 나온다. 가게 규모가 작을 경우 반련(0.5R) 인쇄해도 가능하다. 사이즈는 가가호호 배포 때는 16절 정도 사이즈가 좋으나 직접 유동인구 대상으로 뿌리는 전단지는 사이즈가 적어도 효과는 똑같다. 컬러전단지로 1연 제작시 제작비는 40~50만원선. 배포 방법은 신문삽지나 아르바이트생 동원이 기본이나 최고의 효과는 사장이 직접 가가호호 방문하면서 뿌리는 것이 가장 좋다. 본인이 직접 할 수 없다면 자녀나 주변의 믿을 만한 사람에게 맡기는 것이 좋다. 종종 신문삽지나 아르바이트생에게 맡길 경우 통째로 쓰레기통에 처박을 수도 있기 때문이다.

전지 1장에는 B5 사이즈(16절)로 16장이 나온다. 종이의 수량단위인 1연은 전지 500장으로 포장되어 있다. 따라서 1연 제작시 16×500, 총 8,000매의 인쇄물이 나온다. 종이의 질은 컬러로 인쇄하는 경우 아트지를 주로 사용하고 2도나 단색일 경우 모조지를 많이 사용한다.

스크레치 카드

· 방문객이나 유동인구 대상으로 배포, 즉석복권처럼 스크레치면을 긁어 경
  품을 줄 수 있는 카드.
  제작비는 복권 사이즈로 1,000매 제작시 40만원 정도가 든다.

실사 현수막

· 개업 준비중 또는 개업 후 먹음직스런 음식사진이 들어간 현수막을 외부에
  걸면 효과가 좋다. 가로 80㎝, 세로 120㎝ 사이즈로 제작시 제작비는 3만
  원선이다.

스티커

· 배달전문으로 하는 음식점의 경우 꼭 필요한 필수 제작물로 전화번호와 메
  뉴 처리가 핵심이다. 가로 9㎝, 세로 13㎝ 사이즈로 4천매 제작시 제작비
  는 13만원 정도가 든다.

와이드컬러나 음식물 모형

· 견물생심이라는 말이 음식점에도 그대로 적용된다. 음식물 사진이나, 모형
  은 쉽게 가게 안으로 들어오게 하는 유인요소가 되기도 하며 또는 어떤 음
  식을 먹어야지 하는 사람에게 정보를 제공하는 아주 중요한 요소이다.
· W/C컬러제작비는 가로150㎝ 세로80㎝의 사이즈일 경우 40만원선이고,
  음식물 모형제작은 한 음식물 모형마다 약 5~7만원 정도가 든다.

메뉴판

10평 정도의 소점포 음식점의 경우는 테이블 메뉴로도 족하다. 테이블 메뉴로는 휴지함의 옆면을 활용하거나 전단지를 비닐코팅해서 사용하면 된다. 그러나 벽면 메뉴판은 별도 제작하거나 주류 공급업체에서 서비스로 제작해 주기도 한다. 벽면 메뉴판 중에서 음식사진이 들어간 족자 메뉴판은 식욕도 느끼게 하면서 주문을 편하게 할 수 있다. 이러한 사진이 들어간 족자 메뉴판 제작비는 가로130㎝ 세로90㎝ 사이즈로 제작시 15만원 정도 들어간다.

판촉물

음식점에서 흔히 활용되는 판촉물로는 라이터, 컵받침, 병따개 등이 있으나 요즘은 판촉물이 너무 범람하므로 조금 독특한 판촉물을 고르는 노력을 기울여야 판촉물 효과를 제대로 볼 수 있다. 특히 그 음식점을 이용하는 고객에게 꼭 필요한 것을 선택하는 것이 효과가 크다. 예를 들어 직장인이 주고객이라면 음식점 상호와 전화번호가 인쇄된 포스트 메모지나 볼펜, 컴퓨터 마우스 패드, 혹은 차량 방향제 카드 등이 좋다. 따라서 이제는 판촉물도 음식점에 들르는 주요고객에 맞는 품목을 고르는 것이 필요하다.

개점행사

흔히 음식점을 개업하면 음식점 앞에서 도우미들이 춤추고 풍선 등을 나눠주는 장면을 흔히 볼 수 있다. 오픈이벤트 행사들이 많이 보편화되어 있는데도 아직도 음식점 경영주들이 오픈 행사하는 것이 왠지 쑥스럽다거나, 심지어는 조금 창피하다는 생각까지 들어 주저하는 사례들도 적지 않다. 하지만 이는 잘못된 생각이다. 개인의 성격이나 가치와는 무관하게 오픈 행사만큼 광고효과가 좋은 것도 많지 않으므로 이런 절호의 찬스를 놓치면 절대 안된다. 오픈 행사는 개업 초기에만 할 수 있는 특권인 것이다.

흔히 우리는 음식점을 신장개업하면 속칭 "개업발" 받는다고 한다. 새롭게 개업한 집에 한번씩은 꼭 들러본다는 것이다. 그래서 새롭게 개업했노라고 떠들썩하게 한번은 알려야 한다. 그런데 새롭게 개업한 집에 손님이 없고 썰렁하면 '뭔가 문제 있나, 맛이 없나보다' 하고 가게 앞에서 발길을 돌려버린다. 만에 하나 오픈이벤트를 시끌벅적하게 해서 손님이 구름처럼 몰려와서 그냥 돌아가면 어떻게 하나 하고 우려 아닌 우려를 하시는 음식점 사장들도 있다. 하지만 이런 우려는 금물. 일단 많이 몰려오는 것은 무조건 좋고, 그래서 공간이 없어서 돌아가면 손님입장에서는 '와 이집 장사 엄청 잘되네, 아마 맛있나보다' 라고 생각하므로 불평보다는 '다음에 꼭 다시 와야지' 라고 생각하게 된다. 이렇게 되어야 입소문을 통해 그 음식점이 빨리 자리잡을 수 있는 것이다.

Opening Ceremony

이 행사는 손님대상 행사라기보다는 자체기념과 내부직원들을 겨냥한 행사다. 손님을 맞기 전 오전 10시에 샴페인축배식과 기념 촬영 등이 있다. 이는 오랫동안 기록에 남긴다든지 특별히 기념하고 싶을 때만 하면 되고 대형 음식점에서 많이 하며 보통 음식점에서는 굳이 하지 않아도 된다.

실외장식

· 여러 가지 화려한 컬러의 풍선아치
· 배너
· 오픈(open)기

 왕초보 창업자도 전문가가 되는
음식장사 마케팅

· 현수막

· 삼색기

실외행사

· 캐릭터 쇼 - 동물캐릭터나 텔레토비 캐릭터, 삐에로 등을 통해 지나가는 고
  객들의 눈길을 끔.
· 도우미의 음식점 설명과 전단배포, 풍선배포
· 치어댄스/재즈댄스를 통해 유동고객에게 확실하게 '새로운 개업'을 인지
  시킴.
· 풍물패의 농악이나 사물놀이
· 페이스페인팅
· 인쇄풍선 나눠주기
· 시식회 - 소비자에게 맛을 보게 하는 것으로 가게에 들어오게 하거나 가게
  를 기억시키는 데 효과 만점의 행사. 백화점 식품 코너에 가면 많이 볼 수
  있다.

이러한 개점행사, 이벤트 중 여러 가지를 동시에 실시하면 효과가 좋으나 약
1백만원 이상의 비용이 든다. 이 비용이 부담스럽다면, 풍선아치나 삼색기
등으로 오픈 분위기를 연출하고 도우미를 동원해서 전단지를 뿌리는 것만은
꼭 실시하는 것이 좋다. 경쾌한 음악을 틀어 놓으면 더 좋다. 이때 비용은 대
략적으로 30~40만원선이면 된다. 이러한 행사로 축제분위기를 연출해서 음
식점개업이 축제와 화젯거리가 되도록 만든다. 이렇게만 되면 이미 절반의
성공은 거둔 셈이다.

■ ■ ■ "플러스 알파"로 손님 끌기

덤으로 주는 공짜를 싫어하는 사람 누가 있으랴. 그 공짜가 고객에게 즐거움
을 줄 수 있는 것이라면, 그리고 음식점 사장 입장에서 큰 비용을 들이지 않
는 것이라면 더할 나위 없이 좋다. 이 "플러스 알파"는 뉴스성으로 명분을 걸
고 단기간에 걸쳐 해야 한다. 즉 그 음식점의 음식맛이나 서비스에 있어서 만
족을 주고 난 다음 "플러스 알파"를 제공할 때 그 효과가 제대로 나는 법이다.
그리고 그 가게의 성격, 특징과 연관되는 것을 제공하는 것이 최고다. "플러
스 알파"의 사례와 아이디어 몇 가지를 제시한다.

① 자동차 세차서비스

두 번째 온 손님이나 10만원 이상 구매 고객에게는 음식을 먹는 동안 세차
서비스를 해주는 것.

② 개업 3일째, 3번째 오는 손님께 상품권 증정

이 행사는 3번째 오는 손님을 기억했다가 사람이 꽉 찼을 때 사장이 직접
찾아가 정중하게 인사하면서 전달하고 그리고 큰 소리로 이 사실을 알려
많은 박수를 유도해야 효과 만점이 된다. 이 행사는 개업 후 100번째 오는
손님, 오늘 첫 번째 손님 등 다양한 명분으로 전개할 수 있으며 구전 효과
가 만점이다.

③ 아이스크림 무료 서비스나 원가 제공

어린이 고객을 잡으면 어른도 잡는다는 사실. 어린이가 매우 좋아한다.

④ 숯불 갈비집에서 '참숯'을 고객에게 무료 제공

참숯이 좋은 것은 다 아는 사실이다. 하지만 고객에게 단지 참숯 하나를 제공하는 것에 의미가 있는 것이 아니라 이 집은 '참숯을 쓰는 집'으로서의 이미지를 확실히 심어줄 수 있다는 데 있다.

⑤ 가게명의 의미를 알아맞추는 고객에게 선물주기

가게 이름을 기억하게 하는 아이디어. 그 이름의 의미가 독특하고, 주변에 비슷한 가게가 많다면 더욱 효과가 좋은 행사가 된다.

⑥ 미끼상품 판촉

백화점의 미끼용 기획상품이나 바겐세일과 같은 내용의 판촉행사가 그것이다. 원가제공 음식아이템을 선정해서 일단 손님을 끌어들인다. 손님은 꼭 그 싼 음식만을 먹지 않고 다른 음식도 함께 먹게 된다. '개업 1주일까지는 우동 한 그릇에 천원', '소주 한병 무료', '이 전단지를 들고 오면 생고기 1인분 서비스', '한달에 한 번 5천원을 내고 마음껏 먹기', '한가한 시간대(오후 3~5시)의 가격할인이나 저가메뉴 개발' 등의 아이디어가 있다. 이 아이디어는 따로 다른 선물을 사지 않고도 할 수 있는 행사이기 때문에 음식점 사장도 부담이 없고 고객도 만족도가 높다.

⑦ 자유가격제 시행

매월 하루 자유가격제 날을 잡아 그날은 소비자가 먹은 후 본인이 생각하는 음식가격을 지불하게 하는 방법이다. 또는 2중 가격을 제시하여 만족스러우면 5천원, 불만족스러우면 3천원을 받는 제도이다.

이 제도 시행시 다 3천원만 내지 않을까 걱정도 되겠지만, 실제 해본 결과 80% 정도가 정상가격인 5천원을 냈다는 사례가 있다. 이 아이디어의 포인트는 맛에 대한 자신감의 표현이기도 하고 손님에게 새로움과 즐거움을 주기도 하며, 또한 손님에게 맛에 대한 평가도 체크해 볼 수 있는 기회가 된다.

⑧ '강원도 천연수' 제공

음식점에서 쓰는 강원도 천연수를 직접 고객에게 한병씩 줌으로써 '덤'의 효과와 좋은 물을 쓰는 가게라는 이미지를 홍보하는 데 제격인 아이디어이다.

⑨ 단골 고객 만드는 서비스

주유소나 카드회사에서 이용횟수, 이용금액에 따라 경품을 주는 것처럼 음식점에서 이용금액 이용횟수에 따라 선물을 주거나 음식을 무료로 준다. 치킨 배달전문점에서 많이 시행중에 있다.

〈 단골우대 마일리지 카드 〉

· 음식 먹은 후 쿠폰함에 인적사항이 기재된 쿠폰이나 명함을 넣게 해서 분기별이나 연말에 추첨해서 주는 경품서비스 : 이 행사는 많이 이용하면 이용할수록 당첨되는 기회는 그 만큼 많다. 따라서 때문에 한번 온 고객을 자주 오게 하는 효과가 있다.

· 10회 이용권 쿠폰 구매자에게는 10% 할인혜택 : 고객도 할인받아 좋고 음식점 사장도 단골고객을 확보해서 좋고, 미리 선불받아서 좋은 괜찮은 아이디어이다.

⑩ **고객에게 좋은 이미지 심기**

매출 1%를 결식아동돕기에 기탁한다든지 소년소녀 가장돕기 성금 등에 사용한다든지 또는 음식물 쓰레기 줄이기 운동에 동참한다든지, 매출액의 1%를 이웃돕기 성금에 기탁하겠다 하는 등의 작은 선행을 통해 좋은 일도 하고 고객에게 좋은 이미지를 줄 수 있다. 원래 좋은 일이란 왼손이 하는 일은 오른손이 모르게 하라고 했지만 떳떳하게 알릴 것은 알려서 고객의 동참을 호소하는 것이 효과 있는 판촉이다. 또한 모금함을 마련하여 고객에게 취지를 설명하고 여기에 매출액의 2%를 함께 기탁하겠다고 알리면 그 효과가 뛰어남은 말할 것이 없다.

고객은 점심 한끼를 먹었는데 그 음식값의 일부가 좋은 일에 쓰인다니 얼마나 기분이 좋아지겠는가. 고객으로부터 좋은 반응을 얻을 수 있으며, 설사 같이 동참하지 못해도 좋은 인상만이라도 심어줄 수 있는 것이다.

⑪ **'새로움'을 통해 고객 끌기**

한 음식점을 오래 운영, 고정메뉴를 장기적으로 끌고 가다 보면 고객이 식상해할 우려가 있다. 그렇다고 메뉴의 성격을 무시한 채 이것저것 메뉴를 추가하다 보면 맛 관리도 안되고 전문성도 상실하기 마련이다. 이때 계절별 행사처럼 계절별 기획메뉴를 개발하여 선보이는 것도 한 방법이다. '새봄 봄나물 반찬 서비스', '여름철 원기 돋우는 원기회복 음식 특선', 만약 닭 칼국수집을 하고 있다면 기간을 정해 '몸에 좋은 황태 칼국수 하루에 딱 30그릇 제공' 혹은 '버섯 칼국수 선착순 제공', 망년회가 있는 연말에는 '속풀이 해장국 특선시리즈', 다이옥신파동 등 사회적 이슈에는 '공해독 풀어주는 음식 특선' 등의 아이디어로 새롭게 접근하는 방법이 있다.

이런 기획메뉴는 기존의 식상한 음식점이 아니라 새로운 맛이 있는 집으로 이미지 변신이 가능하며 고객유인 효과도 뛰어나다. 이러한 기획메뉴는 계절별, 그 당시의 시대흐름에 맞게 기간을 정해 시도하면 효과가 있다. 하지만 이 아이디어를 실천하려면 유행 음식도 알아야 하고 소비자 입맛도 알아야 한다. 무엇보다도 새로운 맛을 부단히 개발하거나 맛 비법을 배워 맛에 대한 노하우가 있어야 가능한 아이디어이다.

⑫ 기발한 전화번호로 배달주문 올리기

특히 배달이 많은 음식점의 경우 기억하기 쉽고 음식점과 어울리는 번호 하나로도 전화통이 불통나게 할 수도 있다. 치킨전문점, 중국집 같은 경우 경쟁이 치열하다 보니 전화번호의 중요성이 더 커진다. 각자 자신의 가게에 맞는 전화번호 아이디어를 내어 보자. 국번까지 의미가 부여되면 더욱 좋고 국번은 아니더라도 뒷번호 4자리라도 가게 성격과 맞고 기억하기 쉬운 번호면 된다.

전화번호 아이디어 발상을 위해 몇 가지 사례를 모아보자. 자신이 생각했던 전화번호가 해당지역에 없으면, 수신자 부담 080 전화번호라도 확보해 볼 만한 일이다.

> · 족발 전문점:　282-2828(두발이-두발두발)
> 　　　　　　　　282-5252(두발이-다리다리)
>
> · 치킨 전문점:　582-5858(닭발이-닭발닭발)
> 　　　　　　　　525-5255(닭이오-닭이오오)
> 　　　　　　　　525-5555(꼬기오-꼬꼬꼬꼬꼬)
> 　　　　　　　　922-9272(구이아-구이치킨)
> 　　　　　　　　922-7292(구이아-치킨구이)
> 　　　　　　　　922-9292(구이아-구이구이)

· 신속배달집:　　8282(빨리빨리)-이미 업종을 불문하고 다 있다.

　　　　　　　　2882(두발빨리)

　　　　　　　　5282(다리빨리)

　　　　　　　　825-8255(빨리요-빨리오오)

　　　　　　　　822-5454(빨리아-오사오사)

　　　　　　　　5252(다리다리)

· 오리 전문점:　　5292(오리구이)

　　　　　　　　5252(오리오리)

· 오뎅 전문점:　　5050(오뎅오뎅)

· 각종 음식점에 보편적으로 쓸 수 있는 번호

　　　　　　　　5252(요리요리)

· 횟집, 생고기집:　882-8852(팔팔이-팔팔요리)

　　　　　　　　882-5288(고기팔팔)

6 단골을 확보하는 고객 서비스
기분이 다르면 맛도 다르다

 **서비스 정신이 단골을 좌우한다**

■ ■ ■ ■　기분이 다르면 맛도 다르다

음식점에 오는 손님은 4,000원 짜리 한끼 식사를 하면서도 서비스는 만원짜리 이상을 요구한다. 서비스가 좋아야 음식맛도 살아나는 법이다. 친절한 서비스는 당연한 것으로 받아들이나 불쾌한 경험이나 서비스는 용납하지 못하는 것이 손님의 생리다. 아니 자신의 불쾌함으로 끝나는 것이 아니라 주변 사람에게 도시락 싸들고 다니면서(?) 문제 있는 집이라고 입소문을 내고 다니는 것이다.

그만큼 한번의 잘못된 서비스는 한 사람을 놓치는 것으로 끝나는 것이 아니라 많은 고객을 놓치게 된다. 반대로 인상깊은 서비스는 단골도 확보하고 그 단골을 통해 눈덩이처럼 고객이 늘어날 수도 있다. 음식점 서비스에 있어서 정형화된 원칙 같은 것은 없다. 서비스는 친절하게 하면 되는 것 아니냐고 쉽게 생각할 수도 있다. 하지만 서비스만큼 쉽지 않은 것도 없다고 음식점 주인들이 하소연한다. 소위 간이라도 빼줘야 하는데 그게 말처럼 쉽지가 않다는 것이다.

■ ■ ■ 가격만큼 친절한 집

내가 살고 있는 작은 읍내 거리에 별로 알려지지 않은 갈비집이 있다. '가격파괴'니 '원가판매'니 하는 선전문구가 붙은 가게에 가보면 가격만 조금 쌀 뿐이지 고기량이 훨씬 못미치는 음식점들이 즐비하다. 이 가게는 가격은 조금 비싼 듯 보였으나 고기의 양과 질이 정직해 기분이 산뜻했다. 이 가게에서 작은아이 돌을 겸한 모임을 가졌을 때 일이다. 주인과 종업원은 하얀 위생복에다 머리수건, 짧고도 매니큐어 칠하지 않은 손톱, 게다가 상냥하고 정감 있는 태도로 우리를 맞아줬다. 차려진 음식도 주인의 깔끔한 인상과 흡사했다.

밑반찬은 너댓 가지에 불과했지만 정갈스러웠다. 육류를 못 드시는 친척 어르신을 위해 생선회를 마련해 갔더니 회를 담기에 적당한 접시며 초고추장 그릇, 덜어먹을 접시까지 챙겨주는 것이었다. 함께 온 아이들은 한창 부산스런 나이에다, 어른수만큼이나 많았다. 그러나 아무런 불평 없이 아이들 입맛에 맞는 반찬 두어 가지를 따로 마련해 식사시간 내내 돌보아 주었다. 비록 시내의 유명한 갈비집은 아니었지만 주인이나 종업원이나 한결같이 깔끔하고 친절할 뿐 아니라 그 마음씀씀이가 진심으로 손님을 위해 나온다는 것이 느껴졌다. 다음에 또 오고 싶고, 다른 사람들에게도 소개하고픈 마음이 저절로 들었다.

(조선일보 글로벌 에티켓 중)

■ ■ ■ ■ 항상 고객에게 감사하자

서비스는 억지로 하는 것이 아니라 진정으로 우러나와야 한다. 서비스로 소
문난, 그래서 장사 잘 되는 음식점 주인 한 분은 '지금도 점심시간에 자기 음
식점에 들어오는 고객을 보면 얼마나 감사한지 울음이 나올 정도' 라고 고백
한 적이 있다. 그 고객 때문에 내가 장사할 수 있고 그 덕분에 돈도 벌고 일하
는 기쁨도 얻을 수 있다는 생각 때문이란다. 이것이 바로 진정한 고객 서비스
의 마음가짐이다. 고객께 진정으로 감사하는, 마음에서부터 우러나온 서비스
라면 따뜻한 눈빛, 웃는 모습이 저절로 나올 수밖에….

■ ■ ■ ■ 손님이 원하는 것보다 한 발 앞서야 한다

손님의 생각보다 한 걸음 앞서는 것이 중요하다. 컵에 물이 떨어진 것 같으면
부르기 전에 미리 물을 갖다 주는 등 손님을 세심히 관찰하여 꼭 필요한 것을
미리 제시해야 한다. 요청한 것을 요청한 대로 갖다 주는 것은 누구나 하는
당연한 서비스이기 때문에 큰 감동이 없다.

■ ■ ■ ■ 초보주부와 노가리구이

얼마 전 남편과 인사동의 전통 한식당에 갔다. 고운 한복을 입은 주인 아주머니가 반
갑게 인사했고, 맛깔스러운 한정식이 식탁을 가득 메웠다. 그 중 노가리를 살짝 튀겨
양념으로 버무린 음식이 유난히 입맛에 맞았다. 한 접시를 다 비우고 다시 달라고 하
니 "많이 드시라" 며 바로 가져왔다.
결혼 6개월 된 초보주부인 나는 요리조리 둘러보고 맛을 봤지만 비법은 알 수 없었
다. 주인 아주머니에게 제조법을 물어보니, 의외로 친절하게 조목조목 알려주는 것
이었다. 고마운 마음에 얼른 종이를 꺼내 메모했고, 뿌듯한 기분에 집에 가서 꼭 도
전해 보겠다고 남편에게 약속도 했다. 기분좋게 저녁을 먹고 계산하려는 순간, 주인
아주머니가 주방에서 비닐봉지를 들고 나왔다. "내가 일러주긴 했지만, 처음 만들려

 왕초보 창업자도 전문가가 되는
음식장사 마케팅

■ ■ ■ 손님을 머리 속에 심어라

하루 매출 1천만원이 넘는 횟집 사장의 수첩을 본 적이 있다. 그 수첩에는 매
일매일 찾아온 손님의 이름과 그 사람 프로필, 시킨 음식 등을 꼼꼼히 적어
놓고 그것을 자신의 머리 속에 기억시킨다고 한다. 그래서 다시 찾아온 고객
은 정확하게 기억하고 자주 찾아오는 고객과는 일상적인 대화나 개인적인 대
화까지도 가능하다는 것이다. 이 사장의 성공비결은 바로 손님을 알아보고
기억해서 그 손님에 맞는 맞춤서비스를 펼쳐 보인 것에 있었던 것이다. 무엇
보다도 찾아온 손님을 기억하라. 머리 속에 콕 박히도록 심어야 한다.

■ ■ ■ 고객은 항상 옳다

칭찬의 소리뿐 아니라 고객의 불평이나 질색하는 것에 대해서도 고객의 판단
을 우선시할 필요가 있다. 설사 그 고객한테 문제가 있더라도 고객을 먼저 존
중해 줘야 한다. 종종 종업원과 고객 사이에 옥신각신할 때 주인이 종업원 편
을 드는 경우를 보게 되는데 이는 잘못이다. 이런 경우 고객이 잘못된 경우라
도 우선 정중히 사과하고 고객의 얘기를 경청해서 고객의 클레임을 신속하게
해결해 주어야 한다. 고객이 나에게 월급을 주는 것이기 때문에 고객이 항상
옳은 것이다. 그리고 나서 종업원은 나중에 따로 얘기해서 다독거려줘야 한다.

놀부보쌈으로 성공한 오진건 사장은 물론 음식장사로 크게 성공한 사람들의 공통적인 얘기가 바로 '퍼줘라' 이다. 음식장사는 다른 장사와 달리 음식이 남으면 모두 다 버려야 한다. 어차피 버릴 것이라면 버리지 않고 고객에게 풍성히 퍼주면 그 고객이 다시 오게 되고 또, 많은 고객을 데리고 오므로 결국은 많이 팔리게 되어 성공하게 된다는 것이다. 원가계산하지 말고 더 많이 퍼준다는 자세로 서비스하면 손해날 듯 하지만 상황은 그 반대가 되는 것이 음식장사이다.

구체적인 서비스 방법

(1) 종업원이 갖추어야 할 기본자세

음식점을 운영하면서 표정, 동작, 몸가짐 등 기본적 서비스 요령과 행동지침을 숙지하자. 본인은 물론 종업원 교육에 절대적으로 필요하다.

■ ■ ■ ■　근무자세

- 필요이상으로 긴장하지 않은 자세여야 하며 사적인 이야기나 잡담은 금물이다.
- 피로감이 들지 않도록 자연스럽게 행동한다.
- 객석 입구를 천천히 살피며 고객에게 시선을 집중하고 배려해야 한다. 손님이 부르지 않았는지, 물컵, 재떨이의 교환은 필요하지 않은지 등.
- 언제나 웃는 얼굴을 한다.
- 생기 있게, 경쾌하게 끝이 올라가는 톤으로 말하면 좋다.

몇 달 전 언니하고 동생과 함께 닭갈비집에 갔었다. 유난히 맛있다는 소문이 난 집이어서 손님이 많았다. 그 전에도 그 집에 갔을 때, 손님이 많은 바쁜 음식점에서 흔히 볼 수 있는 종업원들의 불친절을 겪었다. 그러나 그 집 특유의 맛을 동생과 언니에게 보여주고 싶어서 다시 그 곳을 찾았다. 여전히 종업원들은 분주했고, 손님들은 자리가 없어 길게 줄을 서 있었다.

닭볶음밥 몇 인분을 주문해 놓고 한참을 기다려서야 볶음재료들이 나왔다. 그러나 곧 나와야 할 밥은 나오지 않았다. 지나가는 종업원들을 불러 몇 번이나 얘기했지만, 조금씩 화가 날 때쯤에야 밥이 나왔다. 철판에서 구워지고 있던 볶음재료들은 타고 있었다. 그러나 밥을 가지고 온 종업원은 예전에 불친절하던 종업원과는 달리 예의 바른 모습이었다. 죄송하다는 말과 함께 웃으며 "이렇게 조금 탄게 얼마나 맛있는지 모르시죠. 저도 이 맛에 반해서 일부러 조금 태워 먹죠" 조금은 화가 났지만, 그런 유머와 웃는 얼굴 덕분에 분위기는 완전히 바뀌어 즐겁게 밥을 먹을 수 있었다. 물론 음식이 탈 때까지 내버려둔 것은 종업원들의 잘못이다. 그러나 잘못에 대한 예의 있는 정중한 사과가 없었다면 우리는 불쾌한 마음으로 밥을 먹었을 것이고, 기분도 엉망이었을 것이다.

(조선일보 글로벌 에티켓 중)

■ ■ ■ 인사방법

인사는 손님의 입점부터 퇴점까지 빼놓을 수 없는 동작이다.

· 인사는 고개를 똑바로 한 채 상체만을 숙인다(시선은 2미터 앞).

· "어서 오세요"는 상체를 15도로 숙인다(시선은 2미터 앞).

· "감사합니다"는 상체를 30도로 숙인다(시선은 2미터 앞).

· "죄송합니다"는 상체를 45도로 숙인다(시선은 발끝).

■ ■ ■ 걷는 방법

· 걷는 방법 – 자연스럽게 걸으며 뛰거나 성큼성큼 걷지 않는다.

· 발소리, 자세 – 소리를 내지 않고 등을 곧게 세우고 걷는다.

· 고객 우선 – 통로에서 손님과 마주쳤을 때 언제나 고객이 우선이고 요리를
운반할 때에도 마찬가지이다.

■ ■ ■ 차림새와 복장

· 머리 – 짧은 머리가 기본이며 인사를 했을 때 머리가 얼굴을 덮으면 안되
며, 헤어스타일은 남녀를 불문하고 단정하게 한다.

· 유니폼 – 청결한 유니폼을 입는다.

· 화장 – 화장은 엷게, 색조 화장은 연하게(아이새도우, 아이라인) 해야 한다.

· 명찰 – 좌측 상부에 부착한다.

※ 종업원끼리의 잡담은 피해야만 한다. 대화가 시작되면 상대방에게 정신을 빼앗겨
손님에게 성심 성의껏 서비스할 수 없게 되고 자세도 흐트러지므로 외견상 단정하
지 못하다. 아침을 시작하기 전에 준비를 하거나, 차를 마시거나, 담배를 피우거
나, 잡담을 하는 것은 괜찮으나 이것은 근무 시간 이외에 하는 것이므로 업무시간
이 되면 마음을 가다듬고 일에 전념해야 한다.

(2) 손님 내점시 취해야 할 순서

손님이 내점했을 때는 재빨리 환영인사를 건넨다(전원이 한다). 약간 큰소리로 성의 있게 하며, 작업중이었다면 잠깐 일손을 멈춘 후 인사한다. 손님이 점포에 들어와도 시큰둥하거나 또는 손님이 오는지 가는지도 모르면 안된다.

> ※ 많은 손님이 대기중일 때는 대기 순서가 바뀌어 손님에게 폐를 끼치는 일은 절대로 없도록 한다.

■ ■ ■ 손님 안내요령

자리 안내는 손님 앞에 서서 천천히 하며 손님의 의향도 확인하면서 안내한다. 손님의 희망대로 안내하는 것이 최우선이고 다음으로 점포 형편에 따라 안내한다.

> ※ 예약이 있을 때에는 미리(○ 시부터 ○ 시까지)라는 메모를 해 두면 종업원도 잊지 않고 예약손님을 안내할 수 있으며 손님들도 이해를 하게 된다.

■ ■ ■ 물컵, 재떨이, 물수건의 서비스

본래의 임무인 요리를 내는 것 이상으로 여러 가지 서비스가 있다. 서비스도 성의 있게 주문 전, 주문 후에 신속하게 해야 한다.

· 물컵, 물수건 등은 메뉴판을 가져가기 전에 먼저 주어야 한다(깨끗한가를 확인).

· 재떨이는 미리 놓아두는 것보다는 손님이 오신 후 내어야 한다.

· 물수건은 무엇보다 청결하고 냄새가 나지 않아야 한다.

· 기본적으로 항상 쟁반을 이용한다.

· 물컵을 잡을 때에는 $\frac{1}{3}$ 이하를 감아쥐고 입 닿는 부분에 손이 닿아서는 안된다.

■ ■ ■   주문 받는 법

공손히 메뉴를 설명한 다음에 주문을 받는다. 이때에 무리하게 메뉴를 강요
해서는 안 되며 설명하거나 권하는 태도를 취한다.

- 메뉴판은 왼쪽 겨드랑이 사이에 45도 기울여 끼운 다음 왼손으로 감아잡
  는다.
- 메뉴판을 갖고 주문을 받으러 갔을 때에는 설명과 권유를 잊지 않도록 한다.
- 곧바로 메뉴를 결정하지 못하는 손님에게는 잠시 후 다시 오겠다고 말하
  고는 물러난다. 그리고 손님이 완전히 주문을 결정하기 조금 전에 다시 가
  주는 타이밍이 중요하다.
- 단순히 주문을 받기만 하는 태도는 바람직하지 못하다. 상황에 따라서는
  음식을 추천해 주기도 한다.
  ※ 점포에 유리한 메뉴는 값이 비싼 것, 원가가 낮은 것, 빨리 제공할 수 있는 메뉴이다.

■ ■ ■   전표 기입

- 반드시 손님 앞에서 정성을 들여 기입한다. 기입한 내용은 복창하여 확인
  하는 것이 포인트이다.
- 기입 실수는 두 줄로 긋고 사인해 둔다.

■ ■ ■   요리 제공

요리가 다 되면 주문한 음식이 맞는지 바르게 잘 담아졌는지 체크하고 운반
한다. 함께 온 손님 요리는 동시에 내는 것이 원칙이다.

- 요리를 운반하기 전에 점검을 한다.
- 손님과 부딪칠 수도 있으므로 전후 좌우 잘 살펴서 음식을 쏟지 않도록 한다.
- 손님의 오른쪽으로는 음료, 왼쪽으로는 음식을 낸다.

왕초보 창업자도 전문가가 되는
음식장사 마케팅

■ ■ ■ 중간 서비스

중간 서비스란 손님이 자리에 앉은 직후부터 퇴석할 때가지 서비스를 말한다. 예) 물의 보충, 재떨이의 교환, 물수건 교환 등

· 물잔에 냉수가 반정도 비어 있을 때는 "실례합니다" 라는 말과 함께 언제라도 보충한다(컵이 더러워져 있으면 즉시 교환).

· 재떨이에 꽁초가 3개 이상이면 교환한다. 쟁반에 재떨이를 2개를 가져가서 한 개는 먼저 옆에 놓고 다른 한 개는 사용한 재떨이를 덮은 후 치운다.

■ ■ ■ 추가 주문

손님이 좋아할 만한 요리 등을 생각하며 자연스럽게 어떤 것을 추가 주문할 것인지를 물어본다. 단, 손님에게 부담은 금물이다(강매, 강압).

· 주문은 묻는 것이 아니고 받는 것이라는 적극적인 자세를 취한다.

· 손님에게 추가 주문하는 것도 있다라는 힌트를 준다.

■ ■ ■ 전송 방법

· 손님이 돌아갈 때에는 그 주위에 있는 사람 모두가 인사를 한다.

· 손님이 기분 좋게 돌아가게 하는 것이 제일 중요하다.

· 손님이 일어서면 뭔가 잊어버리지는 않았나 살핀다.

(3) 손님에 따른 접객태도

■ ■ ■ 바쁠 때의 접객
- 바쁠 때 손님에게 불평등하게 대해서는 안 된다.
- 기다린 순서대로 주문을 받는다.

■ ■ ■ 단골손님의 접객
- 단골손님에 대한 신상파악을 해둔다(이름, 직업, 회사명, 직위).
- 가능한 한 접근해서 친절하게 대화를 주고받는다.
- 일반 손님이 있을 때에는 주의한다. 일반 손님이 질투를 느끼거나 기분이 상하지 않도록 한다.
- 단골손님과는 반드시 말을 주고받는다.

■ ■ ■ 어린 손님의 접객
- 어린이를 동반한 손님의 자리는 가능하면 넓고 구석진 자리가 좋다.

■ ■ ■ 예약손님의 접객
- 가능하면 한 사람의 담당자가 예약을 접수해야 한다.
- 사람수의 변경에 관해서는 몇 사람까지 늘어도 좋은지를 알려준다.
- 예약손님이 있을 경우 당일날 반드시 예약 확인을 한다.

■ ■ ■ 애완견을 데리고 들어오는 고객
Point – 죄송하다는 표정으로
- "저희 가게에서는 애완동물을 동반하지 못하게 되어 있습니다"하고 정중하게 거절한다.
- 바구니에 넣어 오더라도 거절해야 한다.

 왕초보 창업자도 전문가가 되는
음식장사 마케팅

(4) 식사도중 발생하는 일에 대해 종업원이 취해야 할 태도

■ ■ ■ 손님 상호간의 트러블

손님들끼리 트러블을 일으켜도 원칙적으로 점포측에서는 개입하지 않는다.

· 손님들끼리의 트러블은 먼 곳에서 지켜보는 것이 필요하다.

· 트러블이 제 삼자의 손님에게까지 피해를 줄 것 같을 때에는 개입을 하는 것이 좋다. 어느 편에도 서지 않고 공평하게 대처한다.

■ ■ ■ 불만 처리

사소한 것일지라도 손님이 납득할 때가지 성의를 가지고 적절히 대처한다. 이쪽에서 잘못이 없더라도 손님에게 불쾌감을 주었다는 것은 뭔가 잘못이 있었던 것이므로 그것을 사과하는 마음이 있어야 한다.

· 사과할 때에는 당사자는 물론이고 책임자가 나와서 사과하는 것이 필요하다.

· 손님의 불만을 제3자의 손님이 지켜보고 있다는 것을 잊어서는 안 된다.

> ※ 불만 처리 10대 원칙
>
> – 적극적으로 처리한다(개선을 위한 정도로 취급).
>
> – 충고도 감사해한다.
>
> – 고객에게 피해를 끼쳤을 경우 성의를 다해 신속히 처리한다.
>
> – 먼저 솔직히 사과하는 등 처음 대응을 잘해야 한다.
>
> – 보고를 잊지 않는다.
>
> – 변명하지 말고 바른 태도로 마지막까지 충분히 설명한다.
>
> – 고객의 당 점포에 대한 관심, 기대에 감사해한다.(다시 내점 유도)
>
> – 반품, 반환 음식을 다시 만들더라도 기분 좋게 한다.
>
> – 변명이나 투덜대지 않는다.
>
> – 부주의로 인한 실수를 없앤다.

■ ■ ■ ■ 아이가 울어 다른 손님에게 폐가 된 경우

Point - 말을 꺼내기 어렵다는 듯이 말한다.

· 다른 장소에서 달래게 한다. 또는 점포 밖에서 달래게 한다.

· 폐가 된 손님에게는 점장 또는 책임자가 사과를 한다.

■ ■ ■ ■ 식사 후에도 오랜 시간 남아 있는 손님에 대한 태도(손님이 많을 경우)

Point - 말을 꺼내기 어렵다는 듯이 말한다.

· 가능한 한 재떨이, 물 등을 교환하여 "다른 주문은 없으십니까?"하고 묻는다.

· 기다리는 손님이 있을 때에는 "정말 죄송합니다만, 손님이 너무 많아 기다
리는 손님이 있으니 좌석을 양보해 주시지 않겠습니까?"

· 쫓아내듯이 재촉해서는 안 되며 설사 자리를 지키고 있어도 싫은 표정을
지으면 안 된다.

■ ■ ■ ■ 종업원의 접객 태도나 서비스에 대한 크레임

· 사실을 확인하고 사과한다.

· 지명된 사람에게 즉시 주의를 준다.

· 해당되는 사람이 미숙했더라도 아르바이트이기 때문이거나, 오늘 처음이
라는 변명은 절대로 하지 않는다. "점장으로서의 지도 부족입니다"라고
사과를 한다

■ ■ ■ ■ 종업원을 불러도 오지 않는다는 크레임

· 사실을 확인하고 사과한 후 요구에 응한다.

· 배치를 확인한다.

· 인원이 부족한 경우 서비스 대응능력을 생각하여 입점객수에 제한을 둔다.

 왕초보 창업자도 전문가가 되는
음식장사 마케팅

■ ■ ■ ■ 먼저 주문한 음식이 나중에 나왔다는 크레임

· 사실을 확인하고 나중에 나온 사실에 대해서만 사과한다.

· 점장, 홀 책임자가 직접 요리를 제공하며 정중히 사과를 한다.

■ ■ ■ ■ 식기의 파손, 더러움에 대한 크레임

· 확인하고 곧 바로 사과한다.

· 즉시 식기를 교환한다.

· 식사도중인 경우는 고객의 의향을 묻고 새로운 식기에 담아 온다.

· 대금을 받지 않는 경우도 있다.

■ ■ ■ ■ 요리나 음료를 고객의 옷에 엎질렀을 때

Point - 항상 새 타월을 흡수하기 쉽도록 빨아서 말려 둔다.(10개 정도를 레
지 카운터 밑 바구니에 담아 놓는다.)

· 가해자와 점장, 홀 책임자가 재빨리 사과하고 타월을 5개정도 가져간다.

· 상황에 따라 고객의 주소, 이름, 전화번호를 묻고 클리닝비를 청구하게끔
한다.

· 고객이 곧 바로 결제를 요구할 때는 그 상황에 맞게 풀어 간다. 금액에 대
해선 보통 상식에 맞게 지불한다.

■ ■ ■ ■ 손님이 점포 비품 등을 파손했을 때

· 손님에게 상처가 없는지 확인한다.

· 파손된 원인이 명확히 손님측에 있다 해도 ○○원 미만의 파손액에 대해
서는 청구하지 않는 경우가 있다.

· 고의적인 파손인데도 불구하고 변상의 의지가 없는 경우는 경찰에 연락한다.

서비스 사례에서 배운다

친절한 서비스는 태어날 때부터 타고난 것은 아니다. 손님입장에서 생각하고 손님을 편하게 하는 서비스, 작은 것 하나라도 정성을 다하면 된다. 여기에 소개되는 서비스 사례들을 통해 손님들이 원하는 서비스가 무엇이고, 고객을 감동시켜 또 찾아오게 만드는 서비스가 무엇인지, 고객을 떠나게 하는 서비스가 무엇인지를 생생하게 느끼고 함께 체험해 보자. 특히 여기에 인용된 사례들은 조선일보에 연재 중인 '글로벌 에티켓' 중 식당문화 시리즈에서 소개된 사례를 참고로 했다.

(1)남긴 음식 포장서비스

돈까스를 먹고 난 후 남긴 자투리 음식에 대해 고객이 원할 경우 새 음식처럼 야채 샐러드를 새롭게 세팅, 포장해 주는 서비스. 또한 이 음식점에서는 서빙 시 새로운 손님의 내점과 동시에 이미 앉아 있는 손님의 요구가 있을 때, 이미 앉아서 드시고 있는 손님의 요구부터 응한다. 다른 음식점에서는 앉아 있는 손님보다 새 손님 위주로 서비스하는 경우가 많지만, 이 음식점에서는 이를 철저히 지켰다. 기존의 손님은 이미 먹고 있는 중이므로 그 먹는 즐거움을 끊으면 안 된다는 배려에서 이미 앉아 있는 손님에 우선순위를 두는 것이다.

(2)남은 잔 술 서비스

돼지 국밥집에서 나이 지긋한 어른고객에게는 "혹시 남은 술이 있는데 술 한 잔 하실 수 있습니까?"라는 정중한 주인의 말과 함께 나오는 남은 잔 술 서비스.

(3)친절 서비스, 기쁨 두 배

- 손님이 바글거리는 집 입구에서 주인이 직접 "시간이 없으시면 다른 식당으로 가시죠, 죄송합니다"라는 정중한 안내.
- 손님 2명이 1인분을 시켜도 거의 두 배의 음식량 및 여분의 그릇을 서비스.
- 단체손님도 아니고 비싼 음식도 주문하지 않았는데 전혀 차별하지 않는 서비스.
- 음식을 먹고 난 후 택시를 기다리는 손님께 가까운 약속장소까지 차로 모시는 서비스.

(4)어린이에 대한 따뜻한 배려

- 횟집에서 메뉴에는 없었지만 꼬마 손님에게 돈까스 제공.
- 아이가 식당에서 실례를 했는데 용변을 본 아이를 위해 화장실로 데려가 잘 씻을 수 있게 더운물을 제공해 주는 서비스.
- "손님이 별로 없으니 식사 끝날 때까지 아이를 돌봐주겠다"는 칼국수집 종업원의 서비스.
- "아이가 있으니 넓게 배치된 뒷좌석이 편하시겠습니다"라는 배려.
- 순대국밥이 얼큰해서 어린이와 나눠 먹기에 조금 난처해 하니까 종업원이 별도의 맵지 않은 사골 국물을 가지고 와서 아이가 먹기 좋게 식혀줌.
- 아이용 의자, 아이용 예쁜 그림이 있는 그릇을 서빙.

얼마 전 휴일, 가족과 함께 서울 여의도의 순대국밥집을 찾았다. 10여 평 남짓한 공간에 몇 되지 않는 테이블은 매우 오래된 듯했다. 그러나 청결에 무척 애썼다는 사실을 알 수 있는 식당이었다.

순대국밥이 나왔을 때 조금 난처해졌다. 어린아이와 나눠먹어야 하는데, 국밥이 다소 얼큰했기 때문이다. 그런 사정을 안 종업원이 웃으며 다가왔다. 그리곤 아이 앞에 진하게 우려낸 구수한 사골국물을 놓았다. 적당한 양의 밥을 만 뒤 아이가 먹기 좋게 식혀주기까지 했다. 자그마한 수저도 놓아주며 "맛있게 먹어요"란 말과 함께 싱긋 미소를 지었다. 그 곳 국밥값은 저렴했다. 그래서 남편과 나는 아이를 위한 "공짜 국물"을 요구한다는 것이 무리일 것 같아 망설였었다. 그날 무척이나 고맙고 흐뭇한 마음으로 식사를 즐길 수 있었다. 평일 점심시간이면 서너줄로 서서 이 집 국밥을 먹기 위해 기다린다는 샐러리맨들 마음을 충분히 실감할 수 있었다. 좁지만 청결에 힘쓴 흔적이 있는 그 곳의 깔끔하고 맛깔스러운 음식, 밝고 상냥하던 종업원.

나는 남편이 출근한 후 평일 낮시간에 따뜻하고 얼큰한 국물이 생각날 때면 아이 손을 잡고 친정집 찾듯 그 집을 드나들곤 한다. 서민인 우릴 후하게 대접해 주고, 음식값도 부담스럽지 않은 이런 음식점이 더 번창하길 바란다.

(조선일보 글로벌 에티켓 중)

(5)잃어버린 물건보관증

일본식당의 서비스 사례. 카메라를 음식점에 놓고 와서 다음날 아침 찾아갔더니 문은 잠겨 있었지만 문쪽에 조그만 메모 쪽지가 있었음. "유리문을 통해서 안쪽을 잘 보면 카메라가 보일 테니 확인해 보고 본인 것이면 저녁 6시(개점시간)에 와서 찾아가라"는 내용의 메모 쪽지 서비스.

(6)덜 담은 만큼 덜 받아요

"식으면 맛이 없을까봐 조금 적게 담았습니다. 드시고 모자라면 더 드립니다"라는 말을 건네왔지만, 추가로 먹지 않으니까 적게 담은 만큼 식사비도 1,000원을 깎아 준다는 후덕한 순대국밥집 주인의 인심 좋은 서비스.

(7)맛깔스런 배려, 맛있는 음식

칼국수 먹는 도중 먼저 먹다가 남긴 식은 만두를 따끈하게 데워주는 배려의 서비스.

(8)손님을 외모로 판단하지 마라

맛으로 소문나 한때 손님이 바글바글댔으나 옷을 허름하게 입었거나 점퍼차림의 손님을 가볍게 대한 결과 지금은 썰렁한 집이 된 막창집이 있다. 절대 겉모습을 보고 손님을 차별 대우해서는 안 된다.

(9)서비스 소홀은 손님 탓!

손님이 항상 꽉꽉 들어차는 고급 한정식집에서 음식이 늦는다는 고객의 불만에 "늦은 시간엔 어쩔 수 없어요."라는 피곤에 지친 직원의 퉁명스런 말투.

■ ■ ■ 서비스 소홀은 손님 탓!

친자매 같은 사촌동생이 대학을 졸업한 날 근사한 저녁을 대접하려고 강남의 이름
난 한정식집을 방문했다. 졸업시즌인데다 꽤 알려진 음식점이어서, 손님이 몰릴 저
녁시간대를 피해 저녁 9시가 조금 지난 시각에 약속을 잡았다. 전화로 식사가 가능
한지도 확인했었다.

그러나 식당에 가보니 직원들은 피곤에 지쳐 있었고, 복장도 지저분했다. 고급음식
점의 서비스를 기대했기 때문에 다소 실망스러웠다. '요즘 때가 때이니 만큼 손님이
많아 피곤하겠지' 라고 이해했다. 주문한 뒤 30분을 기다렸지만, 음식은 나올 기미
도 보이지 않았다. 배가 고팠지만 '반찬이 30여 가지나 되는 정식을 준비하느라 그
러겠지' 라고 생각하며 기다렸다.

잠시 후 음식이 나왔다. 그런데 직원들이 손가락을 음식에 푹 담근 채 그릇을 내려놓
았다. 반찬도 주문한 것과 달리 6~7가지가 부족했다. 식사를 마치고 지불할 때 그
사실을 말한 뒤 할인을 요구했다. 그러나 직원은 미안하다는 말 한마디 없이 "게장
과 갈비찜은 나왔죠? 이렇게 늦은 시간엔 손님을 안받아야 하는 건데…"라고 했다.
식당에 늦게 왔으니 반찬이 덜 나온 것쯤은 감수해야 한다는 식이었다. 재료가 부족
했다면 손님에게 양해를 구해 다른 메뉴를 권해야 했을 것이다. 시간에 따라 서비스
수준이 달라진 그 곳의 손님접대가 씁쓸했다.

(조선일보 글로벌 에티켓 중)

(10) 주문도 주인 맘대로!

· "빨리 주문하세요"하는 종업원의 재촉에 기다려 달라고 했더니 퉁명스런
  표정으로 "겨우 물냉면 시키면서 뜸은 되게 들이네…"
· 불고기 1인분은 안 팝니다. "세 사람이 1인분시켜서 누구 코에 붙이려
  고…"
· 감자탕 작은 것을 시키면 양이 적어서 모자랄 것이라며 더 시킬 것을 강요.

 왕초보 창업자도 전문가가 되는
음식장사 마케팅

- 매운 것 못먹는 외국인 친구 위해 고명을 넣지 말아달라고 했으나 무시. 고명을 덜어내긴 했으나 이미 국물에 매운맛이 배여 외국인 울상.
- "우린 대구탕 주문했는데 이것 알탕 아니예요?"라는 얘기에 다시 해 주겠다는 말 대신 바뀐 음식 그냥 먹으라는 말.
- 시간이 없어 밥이 안 되니까 한꺼번에 우동과 자장면을 시키라는 말.

(11) 아이보다 불판 보호먼저

숯불만 먼저 피워져 있어 아이가 다칠 위험이 있으니 불판을 먼저 달라는 요구에 불판을 미리 올려놓으면 불판이 탄다며 막무가내.

(12) 개인 손님, 적게 시킨 손님은 사절

- 단체손님이 많으므로 "일행이 없으면 ,다른 식당으로 갈 수 없느냐?"
- 2명이뿐이라서 그런지 '걸리적거린다' 며 단체 손님에게 자리 내 줘.
- 다 먹지 않은 그릇을 치우는 종업원.
- 손님은 5명인데 3인분을 시켰다고 물도 물수건도 3개뿐.
- 줄서서 먹는 한정식집에서 손님을 가리키며 "자리가 곧 납니다. 저 손님 다 먹어가요"라며 자꾸 눈치밥을 주더니 숟가락을 놓자마자 부리나케 와서는 그릇을 치워도 되겠느냐는 종업원.

■ ■ ■ 맛집선 친절 기대하지 마라

종로에 가면 너무나도 유명한 국밥집이 있다. 흔히 말하는 요즘 아이들이라면 싫어한다는 선지국밥이지만, 가마솥에서 푹 끓여나오는 국물은 시원하기 그지없다. 그래서인지 그 집은 항상 많은 사람들의 발걸음이 줄을 잇고, 가끔은 외국인들도 찾는 듯했다. 하지만 문제는 거기에 있었나 보다. 오랜만에 찾은 그 집은 여전히 많은 사람들로 가득차 있었다. 달라진 것이 있다면 두 명이 먹기 좋게 해 놓은 마루 위의 상은 찾아 볼 수가 없었고 여러 명이 앉을 수 있는 널따란 테이블만 있었다. 자리야 물론 없었지만 오랜만에 그 맛을 다시 보고 싶은 마음에 기다리리라 생각하고 그 집 아주머니에게 "기다리고 있을 게요"라는 말을 전하였다. 하지만 그 아주머니의 대답은 이미 자신의 음식을 팔려는 아주머니가 아니었다.

"사람도 많은데 그렇게 기다리면 걸리적거려요"

물론 우리의 뒤를 이어온 단체손님들은 당당히 자리를 차지했고, 달랑 두 명이라는 죄로 우린 그 집을 나와야만 했다. 유명해진 음식점은 함부로 가면 안된다는 말이 있다. 그 말은 유명해지고 나면 가격이 올라가는 것은 물론이요, 어느 정도의 불친절은 무조건 감수해야 하기 때문이다. 이젠 서비스로 승부하는 것이라며 겉으론 서비스의 질을 높이겠다 하지만, 그 말 역시 유명해지기 전의 말이었나 보다.

(조선일보 글로벌 에티켓 중)

(13) 두둑한 종업원 배짱

- 주머니에 손을 넣고 음식 서빙.
- 계산대 앞에서 종업원들과 어울려 담배 피우며 잡담.
- 손님의 요구에 들은체만체.
- 옆 사람과 음식이 바뀌어 뜨거우니 옮겨 달라고 요구했으나 "손님이 자리 바꾸면 되잖아요"라는 퉁명스런 응답.

(14) 불결불감증

· 세면장에 물이 고여 난장판.
· 냉면 여섯 그릇을 포개서 가져와서 그릇 밑바닥에 음식이 묻어나옴.
· 화장실 안에는 화장지가 산더미처럼 쌓여서 바닥으로 흘러넘침.
· 종업원이 국물에 손을 넣은 채 서빙.

■ ■ ■ 불결불감증

몇 달 전 일본에 사시는 일본인 사돈댁 어른들께서 한국에 오셨다. 남동생이 일본 여성과 결혼해 한국에서 살고 있는데, 그분들은 딸을 한국에 시집보낸 지 몇 년 만에 난생 처음 한국에 오신 참이었다.

사돈댁 어른 두 분과 동생 부부, 친정어머니를 모시고 부산관광을 했다. 쇼핑도 할 겸 광복동으로 갔는데 마침 유명하다는 음식점이 보였다. 일행은 이층에 자리를 잡고 손을 씻으려고 세면장으로 갔다. 하수구가 막혔는지 물이 내려가지 않아 가득 고여 있고, 물이 튀겨서 주위가 난장판이었다.

화장실 안에는 화장지가 산더미처럼 쌓여서 바닥으로 흘러넘쳐 있었다. 뒤를 보니 사돈댁 어른이 따라오고 계셨다. 주방에서는 아줌마들 싸우는 소리가 우리한테까지 들려와 앉아 있기가 민망스러웠다. 음식이 나왔는데 가관이었다. 냉면 여섯그릇이 쟁반 하나에 네 개, 그 위에 쟁반을 얹고 포개서 두 개를 얹어 왔다. 그 쟁반에는 김 칫국물이 흘러 얼룩이 여기저기 묻어 있었다. 그리고 우리 식탁에 음식을 신경질적으로 탁 놓더니 가위로 아주 날렵하게 잘라주고는 후다닥 가버렸다. 딸을 시집보낸 한국을 그 분들은 어떻게 느끼셨을지 지금도 생각하면 얼굴이 화끈거린다.

(조선일보 글로벌 에티켓 중)

7 '맛깔'을 알면 성공이 보인다
보기 좋은 떡이 맛도 좋다

먹는 장사 하면 먹고는 산다?

요즘 새롭게 음식점을 창업하려고 하는 사람이 많이 늘고 있다. 흔히 '음식점 하면 망하지 않는다더라, 먹고는 산다더라' 하는 말들 때문에 쉽게 음식점 창업전선에 뛰어들고 있는 것이다.

실제로 음식장사 1년만에 '집한채를 샀네', '골프치러 다니네' 등등 성공사례가 많다. 하지만 실제는 어떤가? 98년 공식 통계자료에 의하면 전국에 음식점이 52만개인데 이 중 10만개의 음식점이 실패한 것으로 추정되고 있다. 즉 약 20%에 해당되는 엄청난 비율의 음식점이 문을 닫고 있는 실정이다. 음식장사, 이제 주먹구구식으로 대충 창업했다가는 낭패보기 십상이다. 그만큼 음식점이 많고 경쟁이 치열하기 때문이다.

상황이 이런 만큼 이제 음식장사도 주변 음식점보다 더 맛있는 맛을 추구해야 하고 상호나 인테리어 등 독특한 이미지, 친절한 서비스, 그리고 다양한 판촉활동을 펼쳐야만 하는 차별화시대가 되었다. 즉 음식장사에도 마케팅 개념이 도입되어야 한다. 적절한 마케팅 활동, 차별화된 음식점, 맛있는 음식점의 이미지를 구축한다면 떼돈을 긁어모을 수도 있다. 왜냐하면 음식장사는 외상없는 현찰 장사이고 영업 마진율도 70%씩이나 되기 때문이다.

음식장사 마케팅 – 맛깔을 알면 성공이 보인다

지금까지 음식점 마케팅의 핵심요소는 맛, 장소, 서비스 등 3가지 요소가 강조되어 왔다. 하지만 최근의 치열한 경쟁상황 속에 차별화된 마케팅이 필요한 현 상황에서 기존의 3가지 요소만으로 성공하기는 힘들다. 이제는 독특한 상호와 세련된 인테리어, 판촉활동도 음식점 성공요인의 주요 요소로 떠오르고 있다.

음식장사에 있어서 성공요인을 한마디로 정의한다면, 음식장사 마케팅의 핵심은 바로 '맛깔'이다. '맛깔'이란 단순한 음식의 맛만을 말하지는 않는다. 음식본래의 맛에 더 맛있게 보여지는 느낌, 이미지, 노력을 말한다. 실제로 맛만으로는 맛있는 음식점이라는 이미지를 심는 데 한계가 있다. "아 맛있네" 하고 느껴지는 맛은 음식맛뿐만 아니라 세심한 서비스, 독특한 상호, 세련된 인테리어나 또는 톡톡튀는 판촉 아이디어 등도 중요하다. 그 중 '보기 좋은 떡이 맛도 있다'는 말처럼 시각적 요소가 맛깔을 살리는 데 가장 중요하다. 바로 이 맛깔만 잘 살리면 음식장사에 성공할 수 있다. 맛깔스러운 느낌을 들게 하는 데는 핵심 아이디어 하나로도 충분하다. 다음의 사례는 한가지의 강력한 아이디어로 맛깔스러운 이미지를 얻는 데 성공한 경우들이다.

'맛깔' 로 성공한 음식점 사례

만포면옥의 백김치

서울 무교동의 만포면옥은 만두와 칼국수를 전문으로 하는 음식점이다. 그런데 이 집을 기억하는 사람들은 만두와 칼국수보다 '백김치'를 먼저 떠올린다. 백김치의 맛도 맛이지만 백김치의 맛을 시각화시켰기 때문이다.

음식점 입구부터 들어가는 통로 좌우측에 김치독이 묻혀 있는 것이 보인다. 김치독 뚜껑에는 김치 담근 날짜가 적혀 있다. 아마 음식점에 들어가는 고객은 이것을 보면서 '이 집은 김치를 제대로 담가 땅 속에 묻어 숙성시키네, 담근 날짜를 표시해 놓은 걸 보니 제대로 숙성된 것만 손님께 제공하나 보다. 이집 김치 맛있겠는걸' 하고 생각하게 되는 것이다. 이것이 바로 맛깔이다. '김치가 맛있다' 는 것을 눈으로 보여준 사례이다.

인사동 P집

생태집으로 손님이 끊이지 않는 인사동의 P집은 60대 중반이 넘은 아저씨가 서빙하고 있다. 주요고객인 30~40대 직장인 손님 입장에서 보면 그리 편하지 않은 집이다. 하지만 생태가 맛있고 특히 공기밥이 맛있다고 야단들이다. 어느 집이나 똑같이 나오는 것이 밥이고 밥짓기는 새삼 큰 노하우도 없기 때문에 더욱 특이하다. 다름이 아니라 이집의 밥맛의 비결은 기다림이다. 주문하고 나면 아무리 빨라도 20분 이상을 기다려야 나온다. 조금 빨리 달라고 재촉이라도 하면 주인 아저씨가 버럭 화를 낸다. '지금 밥을 하고 있으니 좀더 기다려야 한다' 고.

한 20분 넘게 기다리다 보면 가뜩이나 배고픈 점심시간에 침이 꼴깍꼴깍 넘어간다. 이때 막 새로 해온 밥이 기가 막히게 맛있을 수밖에. 음식점 운영은 점심시간 한시간에 많이 팔아야 되므로 이렇게 장사해서 얼마나 팔 수 있을까 하는 의문이 든다. 하지만 손님들은 이 맛있는 밥을 먹기 위해 조금만 늦게 가면 오래 기다려야 하므로 12시 전에 가서 기다리거나 아예 오후 1시가 넘은 시간에 간다. 남들은 점심 한시간 동안 영업하지만 이집은 2~3시간 동안 배짱튀기며 영업하는 것이다. '시장이 반찬이다'는 말을 실천에 옮긴 것이다.

명동 H관

H관은 명동의 역사를 자랑하는 설렁탕집이다. 점심 때는 입구부터 줄을 서서 번호표를 받아 기다릴 정도로 손님이 바글바글대는 집이다. 이 집은 설렁탕 국물을 진하게 우려내어 아주 맛있다. 하지만 요즘 흔히 생각하는 음식점의 기본요소로 보면 여간 문제가 있지 않다. 이름도 꼭 중국집을 연상하는 이름이고 간판도 나무 현판에 붓글씨 형태로 허름하게 걸려 있다. 간판이나, 음식점 입구 등에서 풍기는 이미지만 보면 마치 중국 연변의 조선족 식당을 방불케 한다. 내부는 인테리어 개념도 없고 테이블 청결도 엉망이다. 그런데 무엇이 손님들을 이렇게 줄서서 기다리게 만드는 걸까? 그것은 바로 '하루 딱 100그릇'만 파는 영업전략에 있다. 하루에 맛있게 끓여 낼 수 있는 국물이 '딱 100그릇' 밖에 안된다는 주인의 맛에 대한 정성과 소신 때문이다. 아무리 손님이 많이 기다려도 그날 준비한 국물이 떨어지면 돌려보낸다. 하루에 정성을 다하여 만드는 '딱 100그릇'의 설렁탕이 맛있을 수밖에. 설사 맛을 몰라도, 맛이 없어도 주인의 정성에 감동될 수밖에 없다. 물론 지금은 하루 수백 그릇을 팔지만 말이다. 딱 100그릇의 영업전략이 바로 맛깔이다(100그릇은 영업전략차원보다는 그날 사장이 준비할 수 있는 국물에 해당되는 분량이고 이를 정확히 속이지 않고 욕심 없이 팔다 보니 나온 것일 수도 있지만 어쨌든 기가 막힌 영업전략이다).

구기동 순두부집

북한산 아래 구기동에 맛있는 순두부집이 있다. 하산길의 등산객에게 타는 목을 추기는 막걸리와, 함께 먹는 순두부의 맛이 일품이다. 하산길에 그 장소에서 무엇을 먹은들 맛이 없겠는가? 즉 적절한 입지와 그 입지에 어울리는 메뉴선정이 맛깔을 연출한 것이다(실제로 등산길이 아닌 점심시간에 갔더니 하산길에서 먹던 것만큼 맛이 나지 않았음).

강원도 횡성에서 방목한 한우만을 재료로 쓰는 고기집

간판전면에 목장의 한우 사진을 크게 붙여놓거나 강원도 횡성 한우고기만 사용한다는 음식점 벽면 포스터를 본 고객은 "아 질좋은 고기만을 써서 맛있겠군" 하며 맛깔을 연상한다. 이때 포인트는 말로써 얘기하는 것이 아니고 한우 사진이나 문구를 직접 써서 붙인 것이 맛깔의 이미지로 연결된 것이다.

부산에서 오뎅, 홍합 노점으로 하루 50만원을 파는 할머니

예사롭지 않은 큰 가마솥이 일반 스텐레스통보다는 훨씬 국물이 진한 진국일 것 같은 느낌이 드는 맛깔 사례이다. 그리고 노점 판매대 뒷편에는 국물을 낸 홍합껍질을 산더미처럼 쌓아두고 버리지 않고 있다. 이렇게 쌓여 있는 홍합껍질은 '엄청나게 장사 잘되는구나. 정말 맛있나보다' 라는 느낌을 주게 된다.

맛깔의 프로, 김철 1080 칼국수

김철 1080 칼국수집은 철저하리만치 맛깔을 잘 살린 덕분으로 손님이 항상 바글바글하다.
이 음식점은 우선 김철 1080의 이름부터 맛깔을 잘 살렸다. 음식개발자의 이

 왕초보 창업자도 전문가가 되는
음식장사 마케팅

름을 자신 있게 음식점 이름으로 사용한 경우이다. 이렇게 이름을 직접 내걸음으로써 그 자신감과 당당함이 느껴진다. 이 이름을 접한 고객들에게 뭔가 '맛비법'이 있는 집이라는 느낌을 준다. 또한 이름에 그치지 않고 자신의 대형사진을 포스터로 홀 정면에 부착해서 김철의 이름과 전문성을 더욱 잘 살렸다.

칼국수의 면은 홀 주방에서 만들어 누구나 면 만드는 것을 볼 수 있게 하였다. 면발을 직접 반죽하고 써는 것을 통해 손칼국수의 면발맛을 고객들에게 눈으로 보여주는 것이다.

이 가게는 또한 죽탄수와 흑미를 사용, 건강이미지를 잘 살렸다. 단지 음식 조리시에 죽탄수를 쓴 것이 중요한 것이 아니라 죽탄수 물통을 벽면에 직접 부착, 인테리어로 활용함으로써 직접 눈으로 보여주는, 맛깔을 잘 살린 사례이다.

■ ■ ■ ■ 기타 맛깔 사례

즉석 김밥집 : 즉석에서 김밥을 싸는 모습을 밖에서도 볼 수 있게 함으로써 맛깔스런 느낌을 주고 가게 안으로 유인하는 효과가 있다.

맛깔 살리는 음식점 컬러와 조명 : 비싼 인테리어보다는 벽면의 색과 조명을 바꿈으로써 맛깔을 충분히 살릴 수 있다. 음식을 더 먹음직스럽게 보이는 맛깔컬러는 오렌지색, 주황색, 노란색 계통이다. 어느 음식점은 하늘색으로 페인팅이 되어 있는데 깔끔한 느낌은 줄지언정 맛깔을 살리지는 못한다. 파란색, 검정색 계통은 전체 컬러보다는 포인트 컬러로만 활용하는 것이 좋다. 천장의 조명도 연한 노란색 계통의 전구나 할로겐램프로 교체하고 조명을 밝게 해주는 것만으로도 큰돈을 들이지 않은 채 맛깔을 살릴 수 있다.

춤추는 자장면 : 손으로 자장면 뽑는 장면을 매장이나 매장 밖에서 보여준다. 단지 볼거리를 주기 위해서라기보다 '즉석에서 면을 뽑는 그래서 맛있는 집'이라는 맛깔을 살릴 수 있다.

생고기집의 숙성냉장고 : 정육점에서나 볼 수 있는 생고기 숙성냉장고가 음식점 전면에 설치되어 있는 생고기집이 있다. 유리로 되어서 속이 훤히 보이는 숙성냉장고 안에는 고기가 걸려 있다. '생고기'를 직접 보여줌으로써 싱싱함의 맛깔을 살린 사례이다.

연예인의 사진, 사인 비치 : 골프스타 땅콩 김미현이 한국에 오자마자 찾아간 순대집, 박찬호가 즐겨갔던 한양대 앞 분식집(박찬호 사인을 벽면에 디스플레이), YS가 즐겨 찾던 손칼국수 국시집 등 유명연예인이 다녀간 집을 부각시켜 맛있는 집의 맛깔을 살린 사례이다

맛깔은 누구나 살릴 수 있다

맛깔을 알면 그리고 맛깔을 실천하면 누구나 음식장사로 성공할 수 있다. 위에 열거한 사례로 본다면 맛깔이 거창한 마케팅 이론에서 나온 것이 아니라 손님에게 보다 맛있는 집, 또 오고 싶은 집, 뭔가 독특한 집으로 자리매김하기 위한 실천적 아이디어들이다. 맛깔은 음식의 맛을 입맛으로만, 혀로만 느껴지게 하는 것이 아니다. 맛깔을 살리기 위해서는 음식점 창업자가 가지고 있는 아이디어, 주변의 인적자원 등등 최대한 많은 요소를 끌어내어 실천해 보기 바란다. 맛깔만 연출하면 떼돈을 벌 수도 있는 것이 음식장사이기 때문이다.

음식장사, '맛깔'을 알면 성공이 보인다

지금까지 음식점 마케팅의 핵심요소로 맛, 장소, 서비스가 강조돼 왔다. 그러나 차별화된 마케팅이 필요한 현 상황에서 기존의 3가지 요소만으로는 부족하다. 음식장사의 성공요인을 한마디로 정리하면 '맛깔'에 있다. '맛깔'이란 단순히 음식의 '맛'만을 의미하지 않는다. 기본적인 음식맛에 더해 맛있게 보여지는 느낌, 이미지, 노력을 말하는 것이다. 즉 더 맛있게 보이려는 마케팅 활동의 결과인 것이다. 실제로 맛있는 것만으로 승부하는데는 한계가 있을 수 있다. "아 맛있네"하고 느껴지는 맛은 음식의 맛뿐만 아니라 눈으로 보는 시각적인 맛, 세심한 서비스, 독특한 상호, 세련된 인테리어나 톡톡튀는 판촉아이디어 등 여러 이미지가 복합되어 나타난다. 그 중 '보기 좋은 떡이 더 맛있다'는 말처럼 시각적 요소가 맛깔을 살리는 데 가장 중요하다. 바로 이 맛깔을 잘 살리면 음식장사로 성공할 수 있다.

맛깔은 다양한 수단이 아니더라도 핵심 아이디어 하나로도 충분히 살릴 수 있다. 백김치가 맛있는 만포면옥은 음식점 입구부터 들어가는 통로 좌·우측에 김치독이 묻혀 있는 것이 보인다. 김치독 뚜껑에는 김치를 담근 날짜가 적혀 있다. 이것을 보면서 고객들은 "이 집은 김치를 제대로 담가 땅 속에서 숙성시키네, 날짜까지 표시해 놓은 걸 보니 숙성된 것만 손님께 제공하나보다. 이 집 김치 참 맛있겠는걸"하고 해석하는 것이다. '김치가 맛있다'는 것을 눈으로 보여준 것, 바로 이것이 맛깔이다. 이와 같이 맛깔은 맛을 입맛으로만, 혀로만 느껴지게 하는 것이 아니라 눈, 코, 촉각 등을 통해 보여주고 느낄 수 있게 하는 것이다.

전문 음식점의 실전 창업전략

1 갈비집도 차별화해야 성공한다
성공하는 갈비 전문점 창업전략

고기집이 승부가 빠르다?

흔히들 고기집이 승부가 빠르다고 한다. 우리나라 사람들은 방석에 편하게 앉아서 배 두드리며 먹는 것을 좋아하기 때문이다. 또한 갈비류는 남녀노소 가릴 것 없이 꾸준히 즐겨 찾는 음식이다. 여기에 고기와 함께 술까지 곁들여 먹다 보면 1인당 들어가는 음식비가 일반 식사류보다 매우 높다. 그래서 음식점 중에서는 고기집이 승부가 빠르다고 얘기한다. 그런데 과연 이 말이 사실일까?

갈비집은 빛 좋은 개살구

요즘 갈비집이 시름시름 앓고 있다. 장사가 안되는 집은 안되서 고민이고 장사가 잘 되는 집도 남는 게 없다고 아우성들이다. 갈비집이 겉보기와 달리 실속 없는 빛 좋은 개살구가 되어 버렸다. IMF이후 '고기집이 승부가 빠르다'는 말처럼 너도나도 쉽게 갈비집 창업대열에 뛰어들었다. 갈비집이 많이 늘어난 배경에는 맛에 대한 노하우가 없어도 창업할 수 있도록 조리된 갈비 공급업체가 많이 늘어난 탓도 있다.

문제는 갈비집이 많이 늘어난 데 반해 먹는 손님수나 먹는 횟수는 오히려 줄었다는 점이다. 이러다 보니 경쟁력이 없는 갈비집은 손님이 적어 장사가 안되고 그나마 유지하거나 장사 잘 되는 집도 경쟁에서 살아남기 위해 많은 양과 낮은 가격으로 서비스하다 보니 남는 게 없어 실속이 없는 상황이 되어 버렸다. 그럼 한 번 영업사례로 확인해 보자. 실제로 종로 3가 먹자골목에서 장사가 그런대로 잘 된다는 25평정도 되는 중간 규모의 B갈비집 영업 실적표이다(1개월 기준).

· 매 출 :   2,700만원

                                  (일 100만원 매출)

· 지 출 :   고기 재료값.......................... 1,300만원

                야채, 반찬 등 재료값.................. 250만원

                인건비.................................... 550만원

                관리비(수도, 가스, 전기 등)....... 360만원

                                     2,460만원

· 순이익(수입-지출)   240만원

일 평균 100만원씩 월 2,700만원정도 판다. 여기에 고기 재료값, 임대료, 인건비 등 지출을 빼고 나면 월 240만원이 사장 몫이다. 이 갈비집 사장은 홀에서 직접 서빙하고 있으므로 본인의 인건비 정도를 챙겨 가는 상황이다. 장사가 잘 된다는 집이 이렇다. 이와 같은 경우는 그래도 다행이다. 본인의 인건비는 고사하고 임대료 내기에 허덕이고 있는 갈비집들이 많이 있다. 갈비 체인점 광고를 보면 소비자가격에서 식재료 원가를 뺀 영업 이익률이 55%정도로 나와 있으나 실제는 여기에 훨씬 못미치는 경우가 많다. 2인분 갈비를 18,000~20,000원 받는다 했을 때 여기에 공급되는 갈비가격은 보통 10,000원 정도이다. 여기에 반찬류와 야채류를 포함하면 별로 남는 게 없는 장사가 돼버린다. 만약 본인이 직접 조리하면 소량구매를 하게 되기 때문에 고기값이 더 비싸져 원가가 더 드는 상황마저 발생하기도 한다.

갈비집 창업 어떻게 해야 하나?

분명 갈비는 한국인이 좋아하는 영원한 음식이다. 그러나 실속이 없으니 어떻게 창업해야 돈도 벌고 성공할 수 있을까? 이런 창업의 방법으로서 첫째, 50평~100평 정도의 대형갈비 전문점을 창업하는 것이다. 둘째는 버섯과 갈비를 함께 취급하는 전문점으로 차별화하여 창업하는 방법이다. 그리고 또 다른 차별화의 방법으로 새로운 제안을 소개하기로 한다.

(1) 대규모 갈비 전문점 창업전략

갈비집은 규모가 클수록 좋다. 입지도 이면도로가 아닌 대로변에 주차장을 크게 갖추어 놓고서 시작하는 것이 좋다. 클수록 고기원가를 낮출 수 있고 재료효율이 높아진다. 갈비집은 이익률이 낮으므로 식재료 원가의 절감과 규모에 따른 박리다매로 이익을 챙길 수밖에 없다. 손님들도 IMF이후 외식소비가 줄면서 한번 먹더라도 외식은 크고 편안한 곳에서 먹자는 심리가 있어 대형 갈비집의 선호 추세는 더욱 늘어만 가고 있다. 이렇게 하려면 최소 50평정도의 대형 점포로 시작하는 것이 갈비집의 성공비결이다. 중간 규모나 소형 점포로 평범하게 창업해서는 경쟁력이 약하다.

■ ■ ■ 적정상권

기존에는 회식과 접대 손님이 많아 직장인을 대상으로 한 먹자골목도 괜찮았으나 최근 이런 수요는 많이 줄었다. 따라서 대형 갈비집으로 몰리는 층은 가족 외식손님이 많이 차지한다. 따라서 충분한 배후인구의 주택가나 5,000세대 이상의 대규모 아파트 단지를 끼고 있는 상권이 좋다.

■ ■ ■ 이익률을 높이기 위한 메뉴전략

갈비집의 주요 메뉴로는 갈비, 불고기, 갈비탕, 생갈비 등이 기본 메뉴다. 하지만 이런 기본 메뉴로는 남는 게 별로 없다. 오히려 곁들이는 술, 탕, 냉면류 등의 식사 메뉴가 훨씬 이익이 높다. 특히 냉면은 마진률이 높아 효자 노릇을 톡톡히 하나 4계절 내내 수요가 있는 것이 아니다. 메뉴 구성의 방법들을 죽 나열해 보자.

첫째, 전골 메뉴를 꼭 추가하자. 갈비, 한식집 메뉴 구성에 있어서 고기와 재료의 효율성을 기하기 위해서는 전골류 추가가 필수다. 전골류는 자투리 고기, 생고기로 쓸 수 없는 고기 등을 활용할 수 있기 때문이다. 둘째, 메뉴성질

상 중복된 것은 피하고 다른 메뉴끼리의 연관성을 갖추어야 한다. 예를 들어 갈비탕, 설렁탕, 육개장이 있으면 이 중 두 가지는 과감히 없애야 한다. 반대로 불고기를 판매한다면 불낙전골, 불고기, 비빔밥 등과 같이 재료가 같은 여러 관련 메뉴를 개발해야 한다. 셋째, 메뉴에 있어서 같은 메뉴라도 부가가치가 높은 메뉴로 변화를 주는 것이 좋다. 즉 불고기를 취급하면 이왕이면 버섯 불고기를 취급하는 것이 좋다. 불고기 1인분에 5천원씩을 받지만 버섯 불고기는 7,000~8,000원까지 받을 수 있다. 버섯반 고기반의 버섯 불고기가 훨씬 더 마진률도 좋고 객단가도 높일 수 있어 부가가치가 훨씬 높은 메뉴다.

■ ■ ■ ■ 원가 절감 방안

■ 고기 원가를 낮추자 .

갈비집의 가장 큰 식재료 비중을 차지하는 것이 고기이다. 고기 구입시 현찰 거래를 통해 원가를 낮추는 것이 중요하다. 1kg당 1,000원만 낮추어도 하루 40kg을 파는, 즉 일 매출 120~150만원 올리는 갈비집의 경우 한 사람의 하루 인건비가 바로 절감된다.

■ 고정급 대신 고정급과 인센티브를 병행하는 체계로 전환하자.

남는 게 별로 없는 갈비집의 경우 남는 것 같아도 인건비 주고 나면 남는 게 없다고들 많이 얘기한다. 주방장 역할을 하는 조리실장의 인건비는 가장 큰 부담이 된다. 보통 웬만한 실력의 주방장이면 180~250만원 정도의 월급을 지급해야 한다. 하지만 이런 고정월급 대신 「기본급＋인센티브」제로 전환하는 것이 바람직하다. 예를 들면 이 주방장은 250만원을 받는 주방장이니까 250만원을 책정할 것이 아니라 기본급료 150만원이면 150만원을 책정하고 나서 예상매출액에 따른 식재료 원가, 임대료, 관리비를 계산해서 남는 이익의 비율대로 인센티브를 추가로 지급하는 방법이다. 총인건비는 총매출액의

20%를 넘지 않는 범위에서 책정해야 어느 정도 사장의 이익이 생긴다. 이 경우 장사가 어느 정도 되면 조리실장의 급료도 더 올라가므로 기존 고정급료보다 더 많이 받을 수 있어 좋고, 사장은 장사가 약간 부진한 경우도 과도한 인건비 부담에서 벗어날 수 있어 좋다. 이런 인건비 책정은 조리실장과 예상 매출액에 따른 이익과 인건비를 미리 합의하는 것이 중요하다.

■ 바람직한 순익구조
식재료비와 적정한 인건비 책정으로 운영시 전체 매출액 대비 25%정도를 순이익 구조로 나타나게 해야 실속 있는 갈비집 경영이라고 볼 수 있다.

　　　※ 실속 있는 매출 · 지출 구조(%)

· 매 출 :	100%	
· 지 출 :	식재료	40%
	인건비	20%
	임대료, 관리비	10%
	제세공과금	5%
		75%
· 순이익(매출 - 지출)	25%	

따라서 하루 300만원을 파는 갈비집의 경우 월 9천만원 정도 매출을 올린다. 이 매출 규모에 맞춰 인건비를 20%정도인 1천8백만원을 넘지 않게, 식재료는 40%인 3천6백만원을 넘지 않는 선에서 매월 관리 운영해 나가야 적정순익을 챙길 수 있다.

고기 하면 한우, 수입고기 정도로 구별한다. 좀더 자세히 살펴보면 한우에는 암소, 황소가 있으며 암소에도 새끼를 낳지 않은 암소, 새끼를 많이 난 암소 등이 있으며, 새끼를 많이 난 소는 맛이 없고 질기다. 상태에 따라 1등급, 2등급, 3등급, 등외(오래된 소, 매년 새끼를 많이 난 소)로 도축기관에서 등급을 매긴다. 소를 잡아서 하루를 그냥 놔두면 거기에 하얗게 지방분포도가 나오는데 그것을 보고 꽃등심이라 하고, 꽃이 잘 되어 있는가를 보고 등급을 정하게 된다.

황소도 마찬가지로 특등급, 상급, 중급으로 나눈다. 황소는 큰 소인데 작은 황소는 좋지 않으며 중간크기의 황소가 좋다. 또한 젖소이지만 수입 소고기라고 부르지 않는 것이 있는데 이것을 국내산 육우라고 한다. 젖이 더 이상 안 나오는 국내산 육우는 고기도 맛이 없고 질기며 칼슘이 빠져나와 사골의 영양분도 없다. 가락시장 같은 데서 악덕업자들이 한우라고 속여서 판다. 이런 고기들은 전문가가 아니면 잘 구별할 수 없다. 그러나 수입육은 얼려서 왔기 때문에 물이 많이 생기고 색깔이 연하다는 점을 눈여겨 살펴보면 구별할 수 있다. 더 정확하게는 먹어 보면 맛의 차이가 난다. 고기를 모르고 창업을 하면 어려운 점이 많다. 수입 소고기는 기술이 발달해서 부위별로 진공박스 포장이 되어 완벽하게 들어온다. 뼈, 사골, 곱창, 꼬리, 우족, 등심, 스테이크, 갈비와 호텔에서 스테이크로 쓰이는 최고로 좋은 등심도 다 포장되어 들어온다. 원가가 1kg에 5,400원 정도로 아주 싸다. 이런 고기는 요리만 잘 해 놓으면 맛있는 음식이 된다.

이번에는 고기를 부위별로 알아보자. 고기에는 등심, 안심, 갈비, 앞다리, 뒷다리, 사태, 안창살, 갈매기살, 삼겹살, 목살, 사태 등이 있다. 소 한 마리 중 등뼈 위의 살을 등심이라고 한다. 등심 앞에 목덜미에 있는 살을 목심이라 하고 안심은 등뼈 안쪽에 있는 살이다. 갈비살은 갈비 사이에 붙어 있는 살이고 양지는 갈비 밑 배에 붙어 있는 살을 말한다. 차돌배기는 양지머리에 기름기가 하얗게 있는 곳을 말한다. 엉덩이살은 우둔이라고 하는데 국거리용으로 쓰이거나 갈비탕에 썰어 넣고, 목심은 불고기로, 무릎 허벅지 부위인 사태는 장조림용으로 쓴다.

돼지고기도 소고기처럼 여러 부위별로 용도가 다르다. 돼지고기의 등심은 돈까스용으로 쓰인다. 목살은 목 부위로 가장 맛있는 부위이다. 생고기구이로 쓸 것은 등심, 안심, 안창살, 갈비살, 제비추리 등 육질이 연하고 지방이 어느 정도 있는 것들을 사용한다. 양지, 사태, 갈비 등은 바로 얇게 썰어서 불고기용으로 쓴다. 돼지갈비라면 돼지갈비부위만 쓰는 것이 아니라 목살 등 다른 부위와 함께 써서 원가를 낮춘다. 이것은 식당을 경영하는 데 중요하다. 위와 같이 우리가 고기를 부위별로 잘 알고 활용하여 식당을 경영한다면 좋은 고기로 맛도 내고 원가도 절감할 수 있을 것이다.

■ ■ ■ ■ 창업비용(70평 기준시)

70평 기준으로 창업시 약 1억7천만원 정도 순수 창업비용이 들어간다.

인테리어, 간판	1억2천만원
주방시설, 비품	4천만원
홀운영, 주문시스템	5백만원
개점행사, 홍보, 판촉물	5백만원
합계	1억7천만원

만약 창업자가 음식점 창업운영 노하우가 없다면 별도로 음식점 기획이나 창업컨설팅 운영지도를 받아야 하므로 추가로 컨설팅 비용이 들어간다.

(2) 버섯 전문점 창업전략

버섯 전문점은 버섯반 고기반 형태로 버섯 · 고기 전문점이라고 보는 것이 정확하다. 실제 내용은 갈비나 불고기집 형태이나 버섯을 풍성하게 섞어 넣어 버섯 전문점으로 차별화시키는 창업전략이다. 그래서 기존의 고기집과는 다른 개념으로 새롭게 차별화를 시키고 건강에도 좋은 음식점이라는 이미지를 주어 손님을 새롭게 끌어들일 수가 있다. 창업 규모는 30평~50평 정도의 창업이 적당하다.

■ ■ ■ 버섯 전문점 메뉴전략

고기류, 식사류, 세트 메뉴류, 후식류 등을 고루 갖춘 버섯 전문점의 실제 메뉴판을 살펴보겠다. 특히 눈여겨보아야 할 것으로 기존 고기 메뉴에 버섯을 추가하여 원가는 줄이고 양은 풍성하게 보이게 해서 제공해야 한다는 점이다. 아울러 고기집이 주로 어른 중심의 메뉴이므로 어린이층이 좋아할 메뉴인 버섯 탕수육 등을 통해 어린이 고객층까지도 흡수한다면 가족외식 손님을 유치하기 위한 훌륭한 메뉴전략이라 할 수 있다.

■ 버섯 전문점 메뉴 사례

· 고기류 –	버섯 샤브샤브(국수사리 포함)	17,000원
	버섯 불고기(850g)	20,000원
	버섯 모듬구이	10,000원
	(각종 버섯과 차돌배기)	
	차돌배기 추가(150g)	8,000원

· 식사류 -   버섯전골   7,000원

             상추쌈 샤브샤브(국수사리 포함)   8,000원

             버섯 비빔밥   5,000원

             냉 면   4,500원

             물냉면   4,500원

             비빔냉면   4,500원

· 세트메뉴 - 버섯 모듬구이＋버섯지짐＋버섯전골＋버섯죽

                        1인분 18,000원

             버섯 모듬구이＋버섯 샤브샤브＋상추쌈 샤브＋사리와 버섯죽

                        1인분 28,000원

· 특별메뉴 - 버섯 탕수육(小)   7,000

                   (大)   12,000

             버섯지짐(1접시)   5,000

· 후 식 -   버섯 야채죽(샤브, 상추쌈샤브)   2,000

             국수사리(샤브, 상추쌈, 전골)   2,000

             볶음밥(불고기)   2,000

             냉면사리   2,000

             물냉면, 비빔냉면   3,000

             버섯추가(250ｇ)   5,000

(3) 갈비집을 차별화하기 위한 새로운 방법

차별화의 첫째방법은 갈비집의 개념으로 건강테마를 활용한 창업시도이다. 최근 들어 다이옥신 파동, 구제역 파동 등에 따른 건강에 대한 관심이 더욱 고조되고 있다. 이러한 건강 붐을 겨냥한 차별화 시도의 아이디어로는 고기 요리시 몸에 좋은 지장수(황토 걸러낸 물)나 죽탄수(대나무숯으로 걸러낸 물)로 조리하는 것을 내세우든지 녹차먹인 돼지나 인삼먹인 소 등 몸에 좋은 원재료 개념을 음식점의 창업 운영 컨셉으로 잡는 방법이 있다. 이때 중요한 것은 차별화 포인트로 내세운 건강개념을 손님들에게 철저히 눈에 띄이게 하고 통일시켜 적용하는 것이다. 죽탄수를 사용한다면 죽탄수 만드는 것을 눈에 보이게 하고 판촉방법으로써 죽탄수 한 병을 고객에게 제공한다. 인테리어, 판촉활동, 디스플레이 등 모든 요소에 있어서 일관되게 적용하는 것이 중요하다. 이것이 새로운 차별화 개념으로 창업할 때의 성공 포인트다.

차별화의 두번째 방법은 기존 갈비집에 대한 손님들의 불만요인을 분석해 보면 단서가 나온다. 그럼 기존 갈비집의 불만 요소로 무엇이 있을까? 2000년 4월 월간 '식당'에서 조사된 내용의 기사 일부를 참고해 보기로 한다.

자주 가는 고기집의 불만스러운 점

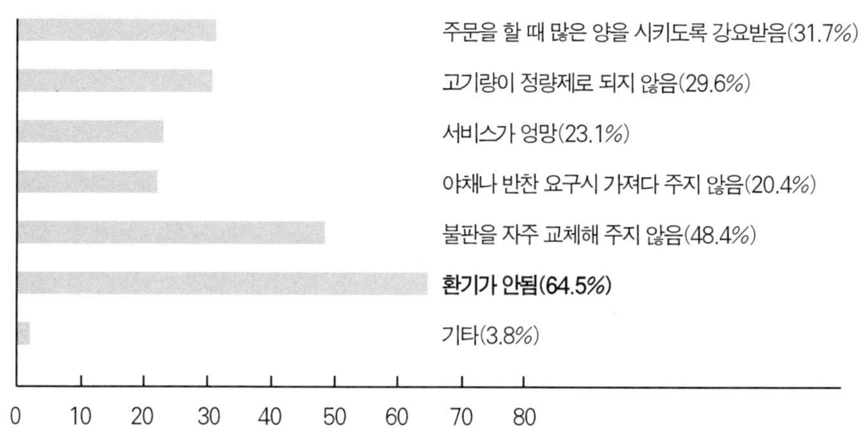

고기집의 불만스러운 점

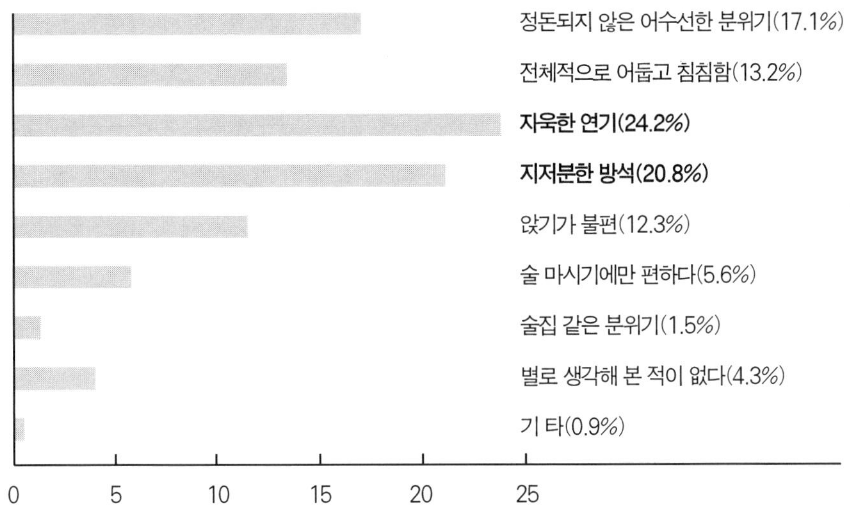

위 표에서처럼 고기집의 불만스러운 점으로 자욱한 연기와 환기가 안된다는 점을 가장 많이 지적하고, 지저분한 방석, 어수선한 분위기, 어둡고 침침한 분위기를 꼽고 있다. 특히 이러한 지적은 여성층에서 높게 나타났다.

이 점을 해소한 새로운 갈비집이 나오면 특히 여성층과 어린이층도 잡을 수 있어 가족외식 손님을 많이 끌어들일 수 있다. 환기시설을 보완하여 창업하면 되겠다고 생각할 수도 있으나, 이보다는 소비자가 원하는 요구에 맞추어 환기시설, 서빙시스템, 메뉴구성, 주방시스템, 인테리어 등에 있어서도 기존의 방식이 아닌 새로운 방식을 적용시키는 것이 바람직하다. 즉 레이디 퍼스트 갈비집이나 양식 패밀리 레스토랑 스타일의 갈비집 등 새로운 시도가 얼마든지 가능하다. 구체적인 음식점의 창업전략이나 운영방법은 다른 기회에 자세히 설명하기로 하고 여기에서는 새로운 시사점만 제시하기로 한다.

2 쉽게 보이지만 만만치 않은 것이 분식집이다

전문 종합분식점 창업전략

지금 분식점의 흐름은?

현재 분식점은 학교주변이나 오피스가, 주택가, 역 부근 등 어디를 가더라도 쉽게 볼 수 있다. 전국의 분식점수는 약 5만개 정도이고, 지금도 계속해서 창업되고 있으나 성공적인 창업을 하는 분식점은 그리 많지 않다. 게다가 프랜차이즈 사업까지 뛰어들어 우후죽순처럼 늘어나고 있다.

독립점포 창업자의 경우 기존의 식당과 프랜차이즈의 틈새를 파고든다는 것이 여간 어려운 일이 아니다. 그러나 기존의 분식점들이 실패한 요인을 참고한다면 어느 정도 위험을 줄일 수 있다. 실패원인을 따져보면 대부분 만두 전문점, 라면 전문점, 우동 전문점, 칼국수 전문점 등과 같이 전문분식점 형태가 아닌 경우이다. 즉 전문분식점들은 자신들의 대표 메뉴를 내세워 전문음식점 이미지를 확보하고 있기 때문이다. 현재 소비자들은 전문성 있고 차별화된 전문분식점을 선호하고 있는 추세이다. 게다가 이런 전문분식점들은 전문 메뉴 외에도 고객이 원하는 메뉴를 다양하게 취급하여 기존의 종합분식점이 설자리를 잃어가고 있는 것이다.

종합분식점도 이제 전문성을 갖추어야 한다

종합분식점을 굳이 인터넷에 비교하자면 종합정보를 모은 포털사이트와 비슷하다. 어느 한 종류의 음식을 가지고 거기에 파생되는 메뉴와 궁합이 맞는 음식들을 취급하는 식당과는 성격이 다르다. 종합분식점은 포괄적으로 여러 분야의 음식들을 소화하고 분식의 특성에 맞게 변형시킨 메뉴들을 가지고 폭넓은 고객층을 유도할 수 있는 분식점이다. 때문에 종합분식점의 상호와 인테리어에 전문성을 나타내 주면 다른 식당들보다는 경쟁력이 생기고 경제흐름을 잘 타지 않는 분식점을 운영할 수 있다. 종합분식점의 가장 큰 장점은 포용할 수 있는 고객층들이 넓다는 것이다. 현재 유행하는 메뉴들의 추가나 개발이 쉬워서 때에 맞추어서 변화가 가능한 것도 장점이라고 할 수 있다. 그리고 종합분식점의 메뉴는 선택폭이 넓기 때문에 자주 오더라도 쉽게 질리지 않고 다음에 또 찾아와서 다른 메뉴를 먹을 수 있는 기회가 비교적 많다.

종합분식점이 성공하려면

종합분식점이 성공하려면 전문성이 드러나야 한다. 그러면 어떻게 해야 하나? 바로 상호와 인테리어에 전문성을 부각시키는 것이다. 먼저 상호를 만들 때도 분식이라는 말을 넣지 않고 분식점을 대표할 수 있는 메뉴를 넣는다든지 또는 이를 활용한 상호를 쓴다. 예를 들어 'Y우동' 체인점, 'S만두' 체인점은 상호에 전문 메뉴 우동이나 만두를 내세워 실제는 종합분식점이지만 우동 전문점, 만두 전문점이라는 이미지를 심어주었다. 아니면 새로운 감각의 세련된 이미지를 띨 수 있는 상호를 사용한다. 아줌마집, 또와집, 학교집처럼 구식이름은 이제 통하지 않는다. 그리고 인테리어도 분식점이라고 해서 돈을 투자하지 않는다는 생각은 고쳐야 한다. 오히려 기존의 분식점이 살아남으려면 인테리어에 좀더 신경을 써야 한다. 물론 분식점 인테리어는 입지에 따라 다르게 해야 하지만 신세대 감각에 맞는 카페 스타일로 깔끔하고 세련되게 하는 것도 좋다.

전문 종합분식점 창업은 어떻게 해야 하나?

■ ■ ■ ■　입지선정

종합분식점의 규모는 주택가나 고등학교 주변 등에서 흔히 볼 수 있는 10평 미만의 기존 분식점과는 달리 15평에서 20평 정도가 좋다. 규모가 작은 점포는 손님을 받을 수 있는 테이블수가 적기 때문에 많은 메뉴를 가지고 있는 종합분식점에서는 적합하지 않다. 취급하는 메뉴수가 많아서 재료들을 일정 시간 내에 소비해야 하기 때문이다. 그럼 어떤 입지에 점포를 창업하는 것이 좋은가? 종합분식점의 주 고객은 20대~30대이기 때문에 주고객층인 젊은층의 사람들이 많이 모이는 역세권이나 대학교 상권, 오피스가 상권이 적당하다. 그 중에서도 큰 오락실이 있어서 많은 사람들이 다니는 곳, 극장 주변, 학원이 밀집해 있는 곳, 젊은 사람들이 원하는 스타일의 옷이나 액세서리들을 취급하는 점포가 많은 곳 등이 적당하다. 그래야 전문성을 띤 상호가 젊은 세대들에게 호평을 받을 수 있고 인테리어 역시 그들이 원하는 분위기로 꾸밀 수 있다.

■ ■ ■ ■　메뉴전략

많은 메뉴를 취급하는 단점 때문에 재료의 연관성이나 조리할 때 공통점이 있어야 한다. 손님이 기다리는 시간을 단축시키려면 미리 반조리될 수 있는 메뉴를 선택해야 한다. 예를 들어서 미리 국물을 끓여놓고 면만 물에 해동해서 쓸 수 있는 우동, 카레, 돈까스 등을 들 수 있다. 그리고 메뉴를 짤 때는 3~4가지 주 메뉴를 정하고 거기서 파생되는 메뉴들을 추가해서 조리가 쉽게 만든다. 예를 들어서 우동 같은 경우에는 우동국물과 고명만 따로 준비해 놓으면 들어가는 고명에 따라서 김치우동, 해물우동, 오뎅우동 등으로 다양한 메뉴를 늘릴 수 있다. 그리고 가격까지도 고명 세팅에 따라서 추가로 올릴 수 있어서 좋다. 그리고 메뉴 이름을 지을 때는 맛과 재미를 같이 주어야 한다. 예를 들어 친구나 커플들을 위해 보기 좋게 한 접시에 2인분정도의 양을 주는 "두리랑 세트", 스파게티와 라면을 이용한 요리를 "스파게티면" 이라고 이름을 지으면 색다른 맛과 재미를 줄 수 있다. 그리고 두 세가지 음식을 섞어서 세트메뉴화해야 한다. 주는 양은 1인분인데 두 세가지의 음식을 먹기 때문에 가격이 조금 비싸도 먹는데는 부담을 느끼지 않는다. 세트메뉴화하면 기존의 가지고 있는 음식을 활용해서 또 다른 이미지의 메뉴를 만들어 매출을 올릴 수 있다.

■ ■ ■ ■ 상호전략

상호를 지을 때는 전문성을 부각시켜야 한다. 앞에서도 말했듯이 종합분식점은 전문성이 떨어져 보이므로 조금은 과장된 포장을 할 필요가 있다. 다른 식당들을 곰곰이 생각해 보자. 예를 들어 돈까스 전문점인데 막상 안에 들어가면 메뉴에 우동도 있고 소바와 초밥들도 취급하고 있다. 또 우동 전문점인데 돈까스와 갖가지 일식 요리를 취급하는 경우가 있다. 분식점도 마찬가지로 그런 식으로 상호를 지어야 한다. 대표로 하는 메뉴를 내걸어서 전문성을 강조하고 관련이 없는 메뉴도 같이 취급하는 것이다. 예를 들어 소바 전문점, 만두 전문점, 라면 전문점처럼 대표되는 메뉴를 상호에 넣어서 전문성을 강조한다. 전에 종합분식점인 "B분식"이 초기에는 체인사업을 해서 많은 점포를 내었지만 뒤처진 상호 때문에 체인점수가 늘어나지 않자 "D우동"이라고 바꾸게 되었다. 그러자 매출은 예전보다 월등히 올라갔고 체인가맹을 원하는 사람들도 많아졌다. 이것은 상호가 얼마나 중요한지 입증하는 사례로, 이것

만으로도 종합분식점의 상호에 전문성을 부각시켜야 한다는 것을 확인할 수
있다. '모아밀터'나 '하야미'처럼 세련된 감각의 종합분식점 이름을 사용해
서 전문성을 살려야 한다.

■ ■ ■ ■   주방의 재료관리

종합분식점 같은 경우에는 재료의 종류가 다양하기 때문에 재료의 보관이나
관리에 신경이 많이 쓰인다. 1가지 메뉴를 위해서 준비한 재료들이 있는데
그 메뉴가 잘 나가지 않으면 다른 용도로 쓸 수 있게 만들어야 한다. 재료수
가 많기 때문에 재료 중에서 무엇이 모자라고 무엇이 남는지 파악하기 힘이
든다. 재료관리 노트를 만들어서 아침과 저녁에 파악하면 효율적으로 관리할
수 있다.

창업비용은 얼마나 들까?

실평수 15평

완전 신규시설(점포 임대료 제외)

인테리어(간판 포함).........................2,000만원

주방설비, 집기 1,200만원

홍보, 판촉....................................... 200만원

합계   3,400만원

만약에 초보 창업자가 맛의 전수 및 입지선정, 메뉴선정 등 전문적인 창업컨설팅을 받아 창업을 할 경우에는 컨설팅 비용으로 5백만원 정도가 추가로 들어간다

종합분식점 전단지

3 '건강'은 음식점의 영원한 테마!

요즘 뜨는 요리, 오리 전문점 창업전략

대중화된 오리요리 전문점이 뜨고 있다

예전에 흔히 오리요리하면 어쩌다 한번 건강을 생각해서 먹는 특수한 건강식이란 이미지가 강했었다. 그리고 실제로도 주변에서 오리요리를 쉽게 접할 수도 없었고, 특정한 날을 잡아 교외에 있는 가든형식의 식당에서 고스톱을 치면서 퍼질러 앉아서 먹고 오는 경우가 대부분이었다. 일반인들이 쉽게 접할 수 있는 오리요리 또한 개발되지 못하였다.

그러나 요즘 들어서 새로운 형태의 오리 전문점이 주목을 받고 있다. 일반인들을 위한 다양한 메뉴로 무장한 오리 전문점이 주변에 속속 생겨나면서 성업을 이루고 있다. 그동안에 일부 고급화된 오리요리 전문점이 없었던 것은 아니었지만, 오리요리 전문점이 이렇게 대중화되는 것은 다양한 요리의 개발과 기존의 삼겹살이나 갈비에 식상했기 때문이며, 건강에도 좋은 오리를 식사와 외식메뉴로 선호하게 된 데서 그 이유를 찾을 수 있을 것이다.

오리요리 전문점, 이래서 유리하다

■ ■ ■ ■　현대인들에게 꼭 필요한 건강식품이다

요즘은 단순히 배를 채우는 음식보다는 음식의 맛도 즐기면서 건강을 생각하는 건강지향적인 메뉴가 성공한다. 오리고기는 현대인들의 가장 대표적인 성인병인 동맥경화, 고혈압 등을 예방하는 건강식품일 뿐 아니라 몸의 산성화를 막아주는 알카리성 식품이다. 오리에 대한 효능은 동의보감이나 본초강목 등 여러 문헌에도 많이 나와 있으며, 건강에 관심이 많아진 현대인들이 이를 어느 정도 잘 알고 있는 실정이다. 뿐만 아니라 오리요리는 미용과 산후조리, 환자회복 등 장수 보양식품으로 알려지면서 점차 수요가 확대되고 있다.

■ ■ ■ ■　전문화, 대중화되고 있는 업종이다

오리요리가 예전의 일부계층만 즐기던 특별한 요리에서 젊은층, 여성층, 어린이들까지 즐길 수 있게 개발되고 기존의 생고기, 갈비 등을 대체하는 직장인의 식사 및 회식, 가족의 외식메뉴로 대중화되면서 급속히 대중화된 메뉴로 자리잡고 있다.

■ ■ ■ ■　입지선정의 폭이 넓은 생활밀착형 아이템이다

오리요리 전문점은 역세권이나 대형상권이 아니더라도 사무실 밀집지, 2차 상권, 신도시 등 대단위 아파트 단지의 상권에서도 성공할 수 있는 생활밀착형 아이템이다.

오리요리 전문점 창업은 어떻게 해야 하나?

■ ■ ■ ■ 기본컨셉 구성

오리요리 전문점은 기존의 갈비나 삼겹살을 대체하는 대중화된 전문점을 표방하는 것이 중요하다. 기존의 고단가의 코스요리를 중심으로 하는 전문점이 일부 성공을 거두고 있지만 일반인들이 접근하기에는 한계가 있고 성공적으로 자리를 잡기까지는 많은 시간과 자본이 투자된다.

때문에 새롭게 오리요리 전문점을 창업하려는 사람들은 고급화된 가격과 메뉴구성보다는 대중화된 전문점에 포커스를 맞추는 것이 여러 가지 면에서 유리하다. 그리고 건강과 미용에 좋은 건강지향적인 메뉴인 것을 내세워 판촉전략을 계획하고 여성층과 어린이들까지 끌어들이는 가족회식형 메뉴구성으로 고객층을 다양화하는 것이 좋다.

■ ■ ■ ■ 입지선정

한국에서 가장 많은 업소와 업종을 꼽으라면 갈비와 삼겹살을 위주로 한 고기집일 것이다. 이는 가장 많은 사람들이 즐겨찾는 메뉴이면서 경쟁이 치열한 업종이기도 하다. 오리요리 전문점도 그 고객층과 소비성향을 같이하는 한식 업종인만큼 이들 상권 내에서 입지를 선정하는 것이 좋다. 외부 유입인구가 많고 먹자상권이 충실하게 형성되어 있는 상권이라면 더할나위 없이 좋겠지만, 일반적으로 갈비집이나 삼겹살집이 밀집되어 있는 상권이라면 오리전문점을 하기에 적당한 입지로 보아도 무방하다.

이러한 상권 내에서 기존 고기집이나 삼겹살집을 적당한 가격에 인수하여 창업하는 방법을 생각해 보는 것도 바람직하다. 이러한 업소는 대체적으로 경쟁이 치열하고 업종이 비슷비슷하여 장소나 시설에 비해 권리금이 낮은 점포를 찾을 수 있다. 시설을 일부 개선하여 창업한다면 창업비용을 줄일 수 있는 이점이 있다.

■ ■ ■ 오리 전문점 점포 꾸미기

요즘은 음식점도 예상을 뛰어넘는 전혀 새로운 스타일로 접근하여 성공하는 사례를 많이 볼 수 있다. 인수한 기존의 한식업소 시설을 일부 개보수하여 사용할 경우에는 어쩔 수 없겠지만 완전히 새롭게 시설을 해야 할 경우에는 좀 더 과감하게 인테리어를 적용해 볼 필요가 있다.

특히 여성고객과 가족의 외식까지 염두에 두는 대중화된 업소의 경우에는 더욱 그렇다. 기존의 한식집이나 우리가 예상할 수 있는 오리집에 대한 선입견을 뛰어넘을 수 있는 깨끗하고 단순한 일식 스타일의 분위기를 적용한다거나 양식 패밀리레스토랑식의 분위기를 적용할 경우에는 새로운 명소로 자리잡을 수도 있다. 이때에도 멋을 부리기 위한 복잡한 인테리어보다는 깨끗이 닦고 관리하기 쉬운 재질로 인테리어를 하는 것이 중요하다.

특히 오리 전문점을 시설하면서 가장 신경을 기울여야 할 부분이 환기문제이다. 대중화된 오리 전문점을 하다 보면 로스를 취급해야 하므로 연기를 어떻게 제거하느냐가 중요하다. 고기집을 찾는 사람들의 가장 큰 불만이 환기가 안되고 지저분한 분위기인 점을 감안하여 이를 보완하는 데에 역점을 두어야 할 것이다.

오리요리 전문점은 식사와 술을 해결할 수 있는 기본메뉴와 대중성을 확보하기 위한 부가메뉴를 어떻게 구성하느냐가 중요하다. 예전의 가든형 식당에서 취급하던 보신식 개념의 메뉴구성이나 너무 고급화된 코스요리 중심으로 메뉴를 구성하다 보면 대중성을 확보하기가 어렵다. 또한 여성들이나 어린이들이 쉽게 좋아할 수 있는 메뉴나 소스 등을 개발하여 취급하는 것이 좋다.

그리고 대중화된 오리 전문점은 저녁의 술뿐만 아니라 점심의 식사 매출까지 충분히 고려하여 메뉴 및 가격을 결정해야 한다.

오리 전문점 메뉴 사례

기본메뉴	부가메뉴
생오리로스	오리정식
오리양념구이	오리보쌈
오리불고기	오리볶음밥
오리탕/오리전골	오리탕수육
통오리 바베큐	
통오리 훈제	

■ ■ ■　운영 판촉전략

오리요리가 그동안 일부계층에서만 즐기던 음식인 것을 생각하여 일반인들이 저렴한 비용으로 삼겹살이나 갈비를 대신할 수 있는 외식메뉴라는 것을 집중적으로 홍보한다. 먼저 오리요리에 대한 잘못된 선입견을 없애고 누구나 쉽게 즐길 수 있는 대중적인 요리라는 것을 집중적으로 알린다. 또한 건강과 미용에 좋은 일석이조의 외식메뉴라는 점과 누구나 쉽게 먹을 수 있는 다양한 식사와 요리가 준비되어 있다는 점을 적극적으로 홍보한다.

그리고 대단위 아파트 단지나 주택가에서 영업을 할 경우에는 어린이들에게 맞는 특별메뉴 등을 개발하여 홍보하거나 주부들이나 어린이들에게 필요한 판촉물을 적절히 활용하는 것도 좋은 판촉전략이다.

오리 전문점 홍보 전단지

창업비용은 얼마나 들까?

요즘은 음식점들이 점점 대형화되고 있다. 특히 갈비집, 칼국수집, 삼겹살집처럼 음식에 특정한 노하우가 없고 경쟁이 치열한 업종일수록 대형화되는 현상은 더욱 뚜렷하다. 이러한 업종에 비해 오리 전문점은 자기 점포의 독특한 메뉴를 개발하고 분위기 등을 차별화한다면 20평에서 50평정도의 중소규모로도 창업이 가능하며 경쟁력을 갖출 수 있다. 실평수 30평정도의 전문점을 완전히 신규로 시설하여 독립점포로 창업할 경우에 순수창업비용(점포임대료 제외)을 알아보면 아래와 같다.

실평수 30평(좌석수 60석) 신규시설 기준

*기존시설을 인수하여 사용할 경우에는 비용이 대폭으로 절감된다.

항 목	내 용	예상금액
인테리어시설	목공, 주방, 방수, 도색, 전기 · 조명, 바닥, 보일러 테이블, 의자, 배식대 등 내외장 공사	3,000만원
주방기기	냉장고, 밧트냉장고, 조리대, 싱크대, 온수기 등 주방기기 일체	900만원
집기비품	그릇, 비품 등 일체	500만원
간 판	전면, 돌출, 입간판, 영업표지물, 선팅 등	200만원
기 타	초기홍보비, 초기물품 사입비 등	300만원
합 계		4,900만원

유의사항

요즘 들어서 기존의 삼겹살이나 갈비집에서 오리요리를 취급하는 업소가 부쩍 늘고 있다. 이는 오리요리를 찾는 수요가 늘어나면서 기존의 시설을 이용하여 손쉽게 요리할 수 있기 때문이다. 이러한 업종일수록 자신만의 노하우와 점포의 특색을 갖추고 시작하는 것이 성공의 지름길이다. 자신만의 경쟁력을 갖추지 않고 시작했다가 여기저기에서 오리를 취급하는 업소가 늘어나거나 주변에 대형업소가 생길 경우 낭패를 보는 경우가 허다하다. 이는 생고기 수요가 늘면서 너도나도 생고기집으로 업종을 전환하여 장사가 좀 되는 듯 하여도 남는 것이 없는 요즘의 현상이 되풀이 될 수 있기 때문이다.

이러한 점을 생각할 때 오리 전문점 창업은 다른 집에서 따라 할 수 없는 독특한 소스, 맛, 그리고 전문점으로서의 나만의 차별화된 경쟁력을 가지고 시작하는 것이 성공할 수 있는 비결이다.

4 돈까스 우동 전문점 창업성공의 노하우
일본식 돈까스, 우동 전문점 창업전략

일본식 돈까스, 우동 전문점은 어떻게 다른가?

원래 돈까스는 우리 주변에서 쉽게 접할 수 있는 음식이었다. 1980년대 이후 경양식집이 보편화되면서 나이프와 포크로 한껏 분위기를 잡으면서 먹던 경양식 돈까스가 유행을 하였다. 지금도 돈까스라고 하면 그때의 경험으로 경양식집과 나이프, 포크를 떠올리는 장년층이 많다.

그러나 지금은 유행이 바뀌고 사람들의 입맛도 바뀌면서, 편평하고 튀김옷이 딱딱한 경양식 돈까스가 서서히 자취를 감추고 일본식 돈까스가 빠르게 확산되고 있다. 일본식 돈까스는 숙성이 잘된 생고기를 사용하고 고기의 육즙을 그대로 살리기 위해 두툼하게 튀겨내기 때문에 기존의 경양식 돈까스에 비해 튀김옷이 바삭하고 부드러운 것이 특징이다. 또한 젓가락 문화에 맞게 한입에 먹기 좋게 썰어서 서빙되고, 각종 야채를 사용하여 맛을 낸 소스에 돈까스를 찍어 먹는 것이 기존의 경양식 돈까스와 다른 점이다. 그리고 미소장국,

깍두기, 단무지, 공기밥이 같이 나오므로 우리의 입맛에 잘 맞는다.

우동은 국물맛이 깊고 시원하며 면발을 고급화하여 새로운 맛을 추구하는 신세대부터 중장년층까지 확대되는 추세에 있다.

일본식 돈까스, 우동 전문점의 전망

그러면 왜 요즘에 와서 일본식 돈까스와 우동 전문점이 유망업종으로 각광을 받고 있을까? 그것은 일본식 돈까스가 기존의 경양식 돈까스와는 달리 사람들의 고급화된 입맛에 맞고 무엇보다도 식사메뉴로 자리잡을 것이기 때문이다. 이들 전문점은 젊은이들이 많이 모이는 대학가나 사무실이 밀집되어 있는 오피스타운을 중심으로 성업을 누리고 있다. 그리고 이러한 추세는 일본 문화의 개방이나 2002년 월드컵, 부산 아시안게임 등을 계기로 당분간 지속될 전망이다.

일본식 돈까스, 우동 전문점 창업! 이래서 유리하다

■ ■ ■ 대표적인 성장기 아이템이다

음식점 창업에 있어서 업종선정은 옷을 입을 때의 첫단추를 끼는 것만큼이나 중요하다. 자칫 잘못하여 쇠퇴기의 업종을 선정하거나 성숙기의 업종을 선정하여 고생을 한 만큼 수익을 올리지 못하고 투자한 금액을 날리는 경우가 허다하다.

음식점 경영의 경험이 부족하거나 초보 창업자의 경우에는 성장기의 업종을 선택하여 창업하는 것이 좋다. 아직 시장이 완전히 성숙하지 않아 경쟁이 비교적 덜할 뿐만 아니라 앞으로 발전 가능성이 높기 때문이다. 일본식 돈까스, 우동 전문점은 성장기에 있는 대표적인 업종으로 초보 창업자가 한 번 도전해볼 만하다.

■ ■ ■ 다양한 고객층이 형성되고 있다

일본식 돈까스, 우동 전문점은 예전에 비해 고객층이 다양하게 형성되어 있다. 10대에서 40대까지 남녀를 불문하고 연령에 맞는 메뉴가 구성되고 개발됨으로써 앞으로도 이러한 고객층의 형성은 두터워질 것이다.

■ ■ ■ 조리가 간편한 전문음식점이다

같은 성장기 업종의 음식점이라도 조리가 너무 복잡하거나 경험을 많이 필요로 하는 한식의 경우와는 다르게 일본식 돈까스, 우동 전문점은 전문 조리기술을 습득하고 나면 운영이 간편한 전문점이다. 다른 업종에 비해 반찬 가짓수가 적고 메뉴가 단출하여 홀운영과 주방운영이 비교적 쉽다.

인건비 지출이 적은 업종이다

다른 업종에 비해 주방과 홀이 간편하게 운영되기 때문에 인건비기 적게 들고
아르바이트 등 인력수급이 비교적 쉽다. 특히 15평 내외의 매장에서는 점주
가 직접 조리기술을 습득하여 운영하면 타 업종에 비해 인건비가 적게 든다.

입지 및 규모의 선택폭이 넓은 업종이다

역세권이나 신세대들이 밀집한 A급 상권, 사무실 밀집지역, 아파트 단지 등
입지선택의 폭이 넓다. 점포의 규모도 10평에서 40평까지 전문점 창업이 가
능하다.

빠른 좌석회전율, 배달, 포장이 쉬운 업종이다

다른 업종에 비해 좌석 점유공간이 적고 회전율이 빠른 업종으로 작은 점포
에서도 효율을 높일 수 있다. 특히 배달과 포장이 가능하여 플러스 알파의 매
출을 기대할 수 있다.

일본식 돈까스, 우동 전문점 창업은 어떻게 해야 하나?

■ ■ ■ ■ 　주요 고객층

일본식 돈까스, 우동 전문점은 고객층 범위가 넓다. 주요 고객층은 새로운 형
태나 입맛의 변화에 민감한 신세대와 중장년층이다. 또한 부담 없는 가격과
깨끗한 매장분위기 때문에 주부들도 외식메뉴로 선호하는 경향을 보이고 있
다. 이와 같이 주요 고객층이 점차 확대되는 추세를 보이고 있지만 가장 일차
적인 주요고객은 대학생을 중심으로 한 신세대층과 20~30대 직장인이다.

■ ■ ■ ■ 　입지선정

입지는 해당점포에서 취급하는 메뉴와 주고객층에 따라 철저하게 맞추는 것
이 입지선정의 가장 바람직한 방법이다. 항상 유동인구로 붐비는 역세권이나
A급 상권의 노른자위 장소라면 더할나위 없이 좋겠지만 그런 장소를 얻는 것
이 자금이나 여러 가지 면에서 쉽지 않다. 그렇다면 목표로 하는 주요고객과
영업전략에 맞추어 자금이나 점포의 크기 등을 고려하여 틈새점포를 찾는 것
이 현명한 방법이다.

■ 역세권, 신세대 상권

일본식 돈까스, 우동 전문점의 경우 1차 주요고객이 대학생을 중심으로 한
신세대층인 점을 감안하면 대학가나 종로, 신촌, 영등포 로터리, 강남역 주변
등 신세대들의 유동인구가 많은 상권이 우선 추천가능하다. 또한 젊은층의
유동이 많은 역세권도 좋은 입지에 속한다. 이러한 지역에 적당한 점포를 얻
을 수만 있다면 어느 정도는 입지선정에서 성공했다고 할 수 있다.
그러나 이러한 점포는 찾기가 힘들 뿐만 아니라 만약 점포가 있더라도 점포

임대료, 월세, 권리금이 비싸므로 철저한 손익계산을 한 후에 결정해야 한다. 특히 대학가 상권의 경우 점포임대료와 월세가 비싼 반면에 경쟁이 치열하고 높은 가격을 받을 수가 없는 경우가 많으므로 주변 상권 및 경쟁업소를 정확히 파악한 후에 결정해야 한다.

■ 사무실 밀집지역

다음으로 추천가능한 입지가 사무실이 밀집된 오피스타운이다. 이 지역은 위의 입지에 비해 상대적으로 가격이 저렴하므로 적당한 틈새점포를 잘만 얻는다면 성공확률이 높다. 요즘은 일본식 돈까스, 우동을 즐기는 층이 20~30대 직장인들까지 많이 확대되어 있고, IMF 이후 사무실의 직장인 연령층이 많이 낮아져 상당히 좋은 입지로 자리잡았다. 그리고 돈까스와 우동이 점심장사가 잘되는 점을 생각해 보아도 사무실이 밀집된 곳에 개업을 하면 어느 정도는 고객을 확보하고 들어갈 수 있다.

기획사무실이 많이 모여 있는 충무로나 신사동 일대, 그리고 젊은 직장인이 많이 모여 있는 테헤란로 주변, 역삼동, 포이동, 삼성동, 마포 등은 좋은 입지이다. 사무실 밀집지역에 점포를 얻을 경우 좋은 점은 어느 정도는 신세대들을 대상으로 하는 상권보다는 가격을 올려받을 수 있다는 장점이다. 그러나 토요일 오후나 일요일에는 장사를 할 수 없다는 것을 고려하여야 한다.

이러한 지역에 점포를 얻을 경우 주의해야 점은 유사업종이 많아서 너무 경쟁이 치열할 것으로 예측되거나, 외형상 대형빌딩과 회사가 밀집돼 있지만 외부영업이 많은 보험회사, 자동차 영업소 등이 많이 입주해 있는지를 살펴보아야 한다. 이 경우보다는 대기업이나 중소기업이 적당히 섞여 있는 지역이 바람직하다. 그리고 돈까스가 배달과 포장이 가능한 업종임을 생각하여 배달이 가능한 지역을 얻으면 한정된 장소에서 플러스 매출을 올릴 수가 있다.

■ 대단위 아파트단지, 주택밀집지역의 2차상권

아직은 적극적으로 추천할 수는 없지만 고려해볼 만한 장소가 아파트 밀집지역이다. 이러한 지역에 점포를 소유하고 있거나 자금여유가 없을 시에는 소형매장을 겸한 배달전문점으로 창업을 생각해 볼 수 있다. 돈까스가 어린이나 신세대가 좋아하는 메뉴이고 배달과 포장이 쉬운 업종이므로 이러한 장점을 최대한 살려 치킨점이나 피자집을 대신하는 새로운 메뉴로 공략을 하면 충분한 승산이 있다. 그리고 실제로도 이러한 곳에서 짭짤하게 매출을 올리는 업소가 있다.

적정규모

요즘은 음식점도 아주 대형화되거나 특정메뉴를 중심으로 전문화되는 현상이 뚜렷하다. 일본식 돈까스, 우동 전문점의 경우에는 대형화 쪽보다는 실평수 30평 이하의 중·소형화된 전문점으로 승부하는 것이 바람직하다. 유동인구가 많은 지역의 신세대들을 주요고객으로 2층에서 영업을 할 경우에는 이보다는 넓고 편안한 분위기로 시설하는 것이 좋겠지만 일반적인 경우에는 중·소형점포로 운영을 하는 것이 여러 면에서 유리하다.

일본식 돈까스, 우동 전문점의 경우 좌석회전율이 빠르고 포장과 배달이 가능하기 때문에 20평 이하의 소형점포에서도 얼마든지 매출을 신장시킬 수 있다. 실제로 사무실이 밀집된 지역이나 유동인구가 많은 지역의 20평 이하의 매장에서 60만원 이상의 매출(하루 좌석회전 4회전 이상)을 올리는 점포를 많이 볼 수 있다. 이와 같이 일본식 돈까스, 우동 전문점의 경우에는 실평수 10~30평정도의 중·소형 전문점이 바람직한 규모이다.

일반적으로 메뉴선정은 점포의 입지조건이나 평수, 주요고객에 따라 달라진다. 돈까스 전문점의 경우에는 돈까스를 중심으로 우동, 메밀소바, 카레, 덮밥 등을 점포의 입지조건과 평수에 따라 적절하게 조정하여 구성한다.

돈까스의 경우 등심까스, 안심까스, 생선까스를 기본으로 하고 신세대가 많은 지역에서는 치즈롤까스, 코돈보루 등을 추가하기도 하는데 점포의 크기나 주요고객, 주요매출시간대 등을 고려하여 정해야 한다. 신세대가 많은 지역에서는 어느 정도 메뉴수가 다양한 것이 좋겠지만 무조건 메뉴수를 늘리는 것보다는 기존에 있는 메뉴를 다양하게 세팅하여 정식이나 세트메뉴 위주로 메뉴를 구성하는 것이 영업상 유리하다. 그리고 조리기구나 그릇, 재료 등이 일치하는 메뉴를 중심으로 메뉴구성을 하면 재료관리도 편리하고 조리하기도 간편한 점이 많아서 좋다.

위와 같이 돈까스를 중심으로 우동이나, 초밥, 덮밥류를 추가하거나 없애는 방법으로 메뉴를 선정하는 것이 좋다. 이때에도 기본 조리법에다 고명이나 세팅을 달리하여 메뉴를 조정하면 재료의 활용도도 높아진다. 다만 메뉴선정에 있어서 주의해야 할 점은 초기창업부터 여러 가지 여건을 생각하지 않고 메뉴에 무리한 욕심을 부리거나 그 반대로 메뉴를 너무 단순하게 구성하는 경우가 있는데 이는 바람직하지 않은 방법이다. 어떠한 경우에도 메뉴는 그 점포의 모든 여건과 영업방침 등을 고려하여 신중하게 결정하여야 한다.

그리고 한 가지 유의할 점은 가격, 맛, 양 등의 면에서 자신의 점포를 대표할 만한 한두가지 메뉴를 개발하여 홍보하고 내세우는 것도 좋은 방법이다.

■ ■ ■ ■ 가격결정

가격의 결정은 점포의 입지조건, 크기, 시설정도, 주요고객의 소비수준과 주변 경쟁업소의 평균 가격 등을 고려하여 정해야 한다. 같은 돈까스, 우동 전문점의 경우에도 뒤에 예시된 것과 마찬가지로 사무실지역, 대학가 상권이나 신세대 밀집지역, 아파트 밀집지역의 배달전문점의 경우가 서로 다르게 책정되어야 한다. 또한 주변 경쟁업소의 매장의 크기, 인테리어 정도 및 서비스의 수준에 따라 가격결정을 해야 상대적으로 경쟁력을 유지할 수 있다.

일반적으로 사무실 지역이 대학가나 신세대 상권보다는 가격을 높게 책정하고, 학생이나 신세대를 주고객으로 영업을 하는 경우에는 저가의 메뉴에서부터 세트메뉴를 구성하여 가격을 약간씩 높이는 방법을 쓰면 무리가 없다. 아파트 단지나 2차상권에서 배달을 주로 하는 경우에는 아이들이 혼자 시켜서 먹을 수 있는 정도의 가격에서부터 한가족이 같이 먹을 수 있는 세트메뉴를 구성하여 다양하게 하는 것이 좋다. 이때에는 주변의 치킨점이나 피자점과 가격비교를 하여 경쟁력을 유지할 수 있는 정도로 정하는 것이 좋다.

영업전략 및 유의사항

영업전략은 점포의 여건과 주변상권, 경쟁업소, 입지 등의 철저한 조사를 통하여 종합적으로 수립되어야 한다. 아무리 작은 점포라 할지라도 영업전략과 계획서는 점주의 중장기적인 영업전략이 들어가 있는 사업계획서이기 때문이다. 이러한 것이 제대로 되어 있지 않을 경우에는 주변 여건의 변동이나 매출의 추이에 따라 쉽게 메뉴나 가격 등이 흔들리게 되고 이는 고객들에게 나쁜 인상을 심어주게 된다.

일반적으로 일본식 돈까스, 우동 전문점의 경우 15평 내외의 소규모 점포로 시작하는 수가 많으므로 처음부터 좌석회전율, 배달, 포장 등을 염두에 두고 영업전략을 짠다. 특히 사무실이 밀집되어 있는 곳에서 영업을 할 경우 한정된 시간 내에 적은 좌석수로 매출을 올려야 하기 때문에 음식의 조리시간이 짧고 배달과 포장이 쉬운 메뉴 위주로 구성하는 것이 좋다. 우동을 취급하는 경우에도 소규모 점포에서는 생면을 써서 조리하는 것보다 조리시간이 짧은 냉동면을 쓰는 경우가 여러 가지로 유리하다. 냉동면의 경우 면발의 쫄깃함이 생면보다 다소 떨어지는 점은 있으나 좁은 주방에서 일일이 시간을 들여가며 생면을 써서 삶아내는 것보다는 국물의 맛이나 가격 등으로 모자란 점을 보완하고 회전율을 높이는 것이 좋다.

점심을 위주로 하는 점포에서는 오후 2시부터 6시까지 공회전으로 돌아가는 시간(아이들 타임)이 많다. 이때에는 주변에 고등학교나 사무실이 있다면 가격이 저렴한 특별메뉴를 개발하여 간식을 먹는 여직원들과 주머니가 가벼운 학생들을 끌어들이는 것도 적극적으로 검토해볼 만하다. 또한 신세대들의 유동인구가 많은 지역에서는 주먹밥, 초밥 등의 저렴한 메뉴를 한 두가지 취급함으로써 상대적인 가격부담을 줄여주는 것도 방법이다.

돈까스, 우동 전문점의 경우 저녁장사가 약한 것이 흠이다. 저녁시간대의 매
출을 보강하기 위하여 돈까스 모듬 튀김안주를 개발하거나 고명으로 올라가
는 재료를 이용한 오뎅, 버섯나베 등을 저녁시간대에 안주로 이용하여 맥주,
청하 등 간단한 주류를 취급해 보는 방법도 연구해볼 만하다.

5 소규모 창업자에게 적합한 아이템

일본식 주먹밥 전문점의 성공적인 창업전략

일본식 주먹밥 전문점이 유망하다

일본식 주먹밥은 맨밥에 깨소금만 양념한 전통 주먹밥과는 달리 영양과 맛을 고려해서 김치, 계란, 참치, 불고기, 홍합 등 여러 가지 재료가 들어간다. 모양은 한국식 주먹밥과는 달리 둥글둥글 뭉쳐서 만들지 않고 삼각주먹밥 형태로 만든다. 일본식 주먹밥 전문점의 전망은 밝다. 일본 문화붐을 타고 성장기 단계의 업종으로 떠오르고 있다. 젊은이들이 자주 이용하는 편의점에서 취급하는 먹거리가 기존에는 주로 컵라면 일색이었으나 요즘엔 일본식 주먹밥이 매대를 차지하고 있고 잘 팔려나가고 있다. 또한 기존의 분식집에도 주먹밥 메뉴를 보완해 가고 있는 추세를 보면 일본식 주먹밥이 성장기 업종인 것을 바로 확인해 볼 수 있다. 또한 요즘 세대의 새로운 입맛에 맞는다는 점을 감안하면 그 가능성은 충분히 짐작해 볼 수 있다. 더욱이 5~10평정도의 적은 평수로도 창업이 가능, 소자본 창업자에게 더욱 안성맞춤인 아이템이다.

소자본 창업자에게 유리하다

일본식 주먹밥 전문점의 성격은 패스트푸드와 분식집이 합해진 개념으로 이해하면 좋다. 얼마 전까지 소자본 창업자들이 분식집을 많이 창업했다. 그러다 보니 학교 앞이나 시장 통에는 한집 걸러 분식집이 생겨난 상황이 되어 버렸다. 메뉴도 떡볶이, 오뎅, 칼국수, 쫄면 등 흔하디 흔한 메뉴 일색이다. 따라서 소자본으로 분식집을 창업하고자 하는 창업자들은 기존의 분식집과 차별화된 음식점으로 주먹밥 전문점을 창업하면 훨씬 유리하다. 한집 걸러 있는 기존의 분식집과는 다르게 보여지도록 하면 치열한 경쟁을 피할 수가 있고, 또 무엇보다 분식 고객층이 선호하는 새로운 메뉴이므로 전망은 훨씬 좋은 편이다.

일본식 주먹밥 전문점 창업은 어떻게 해야 하나?

■ ■ ■ ■ 입지선정

첫번째는 현재 분식집이 잘되고 있는 젊은층 유동인구가 많은 지역이 좋다. 대학가나 중고등학교 또는 학원가가 적당하다. 특히 주먹밥이 패스트푸드에 가깝기 때문에 신세대 대상층이 있는 상권이면서 버스 정류장, 전철역으로 흐르는 자리이면 더할 나위 없이 좋은 입지이다

두번째로 사무실 밀집지역이 좋다. 이제까지의 점심과는 다른 새로운 식사 개념으로 접근이 가능하고, 무엇보다 바쁜 출근길의 아침식사와 간식으로도 가능하므로 사무실 상권에 자리잡을 경우 회전율을 많이 높여서 영업할 수 있다.

■ ■ ■　메뉴구성

메뉴는 주먹밥 하나만으로는 한계가 있다. 주메뉴인 주먹밥 세트는 주먹밥만
을 제공하는 것이 아니다. 주먹밥과 함께 국물(미소장국)과 샐러드를 세팅해
서 제공해야 한다. 또한 주먹밥 관련 메뉴로 초밥과 김초밥, 유부초밥을 함께
취급하는 것이 좋다. 주먹밥 외에 기존 분식집과 차별화된 메뉴로서는 면류
인 우동과 스파게티류 등이 있다. 상권 상황에 따라서 라면류, 샌드위치를 추
가하고 우동과 주먹밥을 조합한 정식류 메뉴도 좋다.

■ ■ ■　판촉전략

젊은층이 주요 고객층인 만큼 젊은층을 끌어들일 만한 판촉활동 전략을 펼쳐
야 한다. 이용횟수에 따른 포인트가 누적되면 무료 음식을 서비스해 주는 마
일리지 서비스제도나 젊은층의 커뮤니케이션 장소로도 활용되도록 메모판이
나 알림방을 운영하는 것도 한 방법이다. 또한 신세대 대상 입지의 음식점이
라면 연예인 사진이나 사인을 활용한 디스플레이도 시도해볼 만한 방법이다.

창업비용은 얼마나 들까?

창업하는 데 얼마의 비용이 들어가나?

적정한 점포규모는 10평정도면 가능하다. 10평에 들어가는 실제 창업비용은 2천~2천 4백만원이다(체인점 가맹 창업이 아닌 독립점포 창업시).

인테리어 .... 1,200~1,500만원

주방설비, 집기 700만원

초기광고, 판촉비용....................... 200만원

____

합계 　　　　　　　　1천9백~2천4백만원

초보 창업자의 경우는 맛에 대한 노하우나 가게운영 경험이 없으므로 별도로 돈이 추가된다. 맛비법전수 비용이나 체인점 가맹비용으로 따로 5백만원 정도 추가된다. 합하면 총 3천만원정도의 창업자본이 들어간다.

얼마나 벌 수 있나?

주먹밥의 낱개당 가격은 1,200원~1,500원, 주먹밥 정식은 3,500원 정도이다. 다른 메뉴는 3~4천원에 판매하고 정식메뉴는 4~5천원에 판매한다. 평균 객단가는 3,500원 정도 선이고 재료비를 제외한 영업 이익률은 65%이다. 10평 매장에서 하루 40만원 매출이 오르면 월 400만원 정도 순수익을 올릴 수 있다.